ERP 도입과 기업가치 분석

ERP 도입과 기업가치 분석

이 재 범 著

그림 목차

서 문

최근 들어 기업을 둘러싼 환경은 국경과 시간을 초월한 무한 경쟁의 시대가 되고 있다. 이러한 환경변화는 기업들에게 신속·정확한 의사결정과 조직의 유연성 확보는 물론, 전략적인 경영기능의 강화, 그리고 선진기업의 비즈니스 프로세스 도입 등의 도전을 요구하고 있는 실정이다. 이와 같은 변화의 흐름 속에서 많은 기업들은 경쟁우위 확보를 위한 수단으로 정보기술(Information Technology : IT)의 활용을 적극적으로 모색하게 되었다.

정보기술 가운데 특히 90 년대 중반에 등장한 전사적 자원관리(Enterprise Resource Planning : ERP) 정보시스템은 물자와 인력부담을 줄이고 업무 효율화를 추구하기 위한 시스템으로 경영활동에 중요한 역할을 수행하고 있다. 그러나 많은 기업들이 급변하는 환경과 다양화되는 시장변화에 대처하기 위하여 경영전략적 차원에서 ERP 시스템을 이용하고 있지만, ERP 도입을 통해 기업이 얻게 되는 효익(benefits)에 대해서는 상반된 견해들이 제기되고 있다.

ERP 도입으로 인한 기업가치 측정에 있어서 긍정적 측면과 부정적인 측면이 제기되는 이유는 정보시스템 실행결과에 대한 상이한 차이와 정보기술의 전략적 특성을 측정하기 위한 시스템품질, 정보품질, 사용자 만족도, 경쟁우위(Competitive advantage)등 무형의 성과를 측정해야 한다는 난점을 지니고 있기 때문이다. 이와 같은 관점에서 본 연구는 사건연구 방법(event study methodology)을 이용하여 1996 년 1 월 1 일부터 2003 년 8 월 31

일 사이에 이루어진 총 52 건의 기업을 대상으로 ERP 도입의 공시가 주식수익률에 미치는 영향을 분석하였다.

ERP 도입의 공시표본을 전체표본과 소표본으로 구분한 후, 기업규모, 재무 건전도, 공급업체(Vendor) 유형, ERP 도입시점의 공시유형에 따른 소표본을 대상으로 공시일 전후 기간의 초과수익률을 측정하였다. 또한 ERP 도입의 공시 시 초과수익률에 미치는 영향과 그 크기와 방향에 영향을 미치는 요인을 알아보기 위해 T - test 및 분산분석(ANOVA)을 실시하였으며, 기업의 특성변수를 사용하여 다중회귀분석(multiple regression analysis)을 실시하였다. 회귀분석식에서 종속변수로는 CAR(0 ~ +1)를 사용하였고 공시일 초과수익률을 설명하는 독립변수로는 기업규모, 재무건전도, 공급업체(Vendor) 유형, ERP 도입시점의 공시유형(구축중·구축완료)을 변수로 사용하였다. 분석결과를 요약하면 다음과 같다.

첫째, 기업규모를 Small 기업과 Large 기업으로 분류한 후, 표본 집단간 평균차를 검정하기 위하여 T - test 를 실시한 결과, 5% 유의수준에서 통계적으로 유의한 값이 나타났다. 따라서 ERP 도입의 공시는 기업규모에 따라 정보효과가 발생한다고 설명할 수 있다.

둘째, 기업의 재무 건전도에 따른 ERP 도입의 정보효과를 살펴보기 위하여 표본기업을 재무건전(Healthy)기업과 재무불건전(Unhealthy) 기업으로 분류한 후, T - test 를 실시한 결과, 통계적으로 유의성이 없었다. 따라서 ERP 도입의 공시는 재무 건전도에 따라 정보효과가 발생한다고 설명하기에는 무리가 있다.

셋째, 공급업체(vendor)의 유형에 따라 ERP 도입의 정보효과를 살펴보기 위하여 표본기업을 대형공급업체와 소형공급업체로 구분하여, T - test 를 실시한 결과, 통계적으로 유의성이 없었다.

넷째, ERP 도입시점의 공시유형(구축 중·구축완료)에 따른 정보효과를 살펴보기 위하여 T - test 를 실시한 결과, 통계적으로 유의적인 수준은 아니었다. 따라서 ERP 도입시점의 공시유형 역시 주가에 영향을 미치지 않는다고 설명할 수 있다.

다섯째, ERP 도입의 정보효과인 초과수익률의 요인을 살피기 위해 다중회귀분석을 실시한 결과, 기업규모(LNASSET) 변수에서 통계적으로 유의적인 결과가 나타났다. 이러한 현상으로 ERP 도입 공시가 주식수익률에 미치는 요인은 기업규모로 설명할 수 있다.

마지막으로 ERP 도입의 공시효과를 살펴보기 위하여 특성변수들을 이용하여 우리나라의 주식시장에서 ERP 도입이 정보효과가 있는지를 살펴본 결과, 부채비율 및 부채규모는 ERP 도입의 공시효과를 설명하는 변수로 작용하지 않음을 보여주었다. 또한 ERP 도입 공시와 관련, 어느 정도 기간의 초과수익률을 측정할 것인가 문제, 즉 사건 기간(Event window)에 따른 ERP 도입의 공시효과에 대한 다중회귀분석 결과, 본 연구의 사건 기간(0, +1)을 제외하고, 사건 기간에 따라 개별변수에 있어서 유의적인 값을 나타내고 있으나, 전반적으로 사건 기간별 모형의 적합성을 나타내는 F 값이 낮기 때문에 통계적으로 강력한 주장을 할 수 없는 현상을 나타냈다.

본 연구의 가장 큰 의의는 ERP 관련 기존 연구들이 사례연구가 주류를 이루고 있었으나, 사건연구 방법을 도입하여 크게 시도해 보지 않았던 ERP 도입의 공시가 주식수익률에 미치는 영향에 관하여 실증적 연구를 시도했다는 데에서 찾을 수 있다.

제1장 서 론

제1절 연구의 배경 및 목적

최근 들어 기업을 둘러싼 환경은 국경과 시간을 초월한 무한경쟁의 시대가 되고 있다. 이러한 환경변화는 기업들에게 신속·정확한 의사결정과 조직의 유연성 확보는 물론, 전략적인 경영기능의 강화, 그리고 선진기업의 비즈니스 프로세스 도입 등의 도전을 요구하고 있는 실정이다. 이와 같은 변화의 흐름 속에서 많은 기업들은 경쟁우위 확보를 위한 수단으로 정보기술(Information Technology : IT)의 활용을 적극적으로 모색하게 되었다.

정보기술 가운데 특히 90년대 중반에 등장한 전사적 자원관리(Enterprise Resource Planning : ERP) 정보시스템은 물자와 인력부담을 줄이고 업무 효율화를 추구하기 위한 시스템으로 경영활동에 중요한 역할을 수행하고 있다. ERP는 단순한 패키지가 아닌 프로세스 혁신을 위한 도구로 선진기업의 우수한 경영기법과 업무 프로세스를 그대로 적용하여 기업의 경영관리 체계를 개혁하고, 조직의 한정된 자원을 전사적(全社的)으로 관리함으로써 기업의 생산성 향상 및 경쟁력을 강화 시키기 위한 시스템이다.

최근 기업들이 환경변화에 따라 새로운 정보시스템으로 ERP를 구축하여 실행하고 있는 이유는 기존 기업들의 정보시스템은 회계정보시스템, 재고관리시스템, 생산관리시스템 등 주로 특정 업무 분야를 지원하는 시스템이었는데, ERP를 적용하면 업무나 자원의 흐름과 상태를 실시간(real-time)으로 파악할 수 있어 사내 모든 업무와 자원을 통합적으로 관리할 수 있고, 기업 전체가 시장의 요구와 변화에 동시적으로 대응하면서 시간, 인력, 자금 등의 흐름을 정확하게 처리하고 업무량을 최소화 할 수 있기 때문이다. 또한 기존의 프로세스 방식을 정보기술과 정보자원을 이용하여 근본적으로 바꾸고 그 과정에서 축적된 정보들을 생산자원으로 활용함으로써 조직구조를 혁신하고 생산성을 극대화 할 수 있기 때문이다.

이와 같이 많은 기업들이 급변하는 환경과 다양화되는 시장변화에 대처하기 위하여 경영전략적 차원에서 ERP 시스템을 이용하고 있지만, ERP 도입을 통해 기업이 얻게 되는 효익에 대해서는 상반된 견해들이 제기되고 있다. ERP를 성공적으로 도입한 전세계 1,480개 회사의 ERP 도입에 대한 기대효과를 보면, 평균 이익률 개선 29% 증가, 제품의 적시 출하 95% 이상, 재고 감소 10 ~ 40%, 구매비용 절감 5 ~ 10%, 조립부문 직접인원 감소 25 ~ 40%, 시간 외 근무시간 감소 50%, 업무처리 시간 단축 50% 이상인 것으로 나타났다(서강관리회계연구회, 2001).

반면, ERP 도입에 대한 부정적 측면의 연구들도 있다. Meta Group, Inc.가 ERP 구축을 마친 63개 업체들을 대상으로 정량적인 수치만으로 기업의 효과를 측정한 결과, 평균 1,500만 달러의 손실을 본 것으로 조사 되었다(Stedman, 1999). Mobile Europe의 경우 ERP 도입에 수 백만 달러를 투입하고 폐기했으며, Dow Chemical社는 7년 동안 ERP 도입에 5억 불 정도를 투입하고 다시 舊 시스템으로 회귀하였다. Applied Material社는 조직의 변화가 너무 많이 요구된다는 사실을 알고는 시스템을 포기하였다(Davenport, 1998). Hershey社는 1천만 불을 투자한 ERP 주문 및 선적 프로세스의 오류로 인해 재고가 29% 증가하고 고객이 감소하여 이익이 19%나 감소하였고, Whirlpool의 배급시스템도 Hershey社와 비슷한 문제를 겪었다(Girard and Farmer, 1999). Waste and Waste Management社는 총 2억 5천만 불 예정인 ERP 프로젝트를 4천5백만 불을 투자하고 포기하였다(Bailey, 1999).

이처럼 ERP 도입으로 인한 기업가치 측정에 있어서 긍정적 측면과 부정적인 측면이 제기되는 이유는 정보시스템 실행결과에 대한 상이한 차이와 정보기술의 전략적 특성을 측정하기 위한 시스템품질, 정보 품질, 사용자 만족도, 경쟁우위(Competitive advantage) 등 무형의 성과를 측정해야 한다는 난점을 지니고 있기 때문이다(이호근, 조동환, 전지현, 2001).

재무분야의 경우, 지금까지 기업가치를 평가함에 있어서 주로 기업이 보유하고 있는 자산의 가치와 미래에 창출할 수 있는 수익의 가치를 중심으로 한, 본질 가치의 평가를 위해 현금흐름할인법, 배당평가모형 등을 사용하며 기업의 상대가치를 평가하기 위해서 주가수익률(price earning ratio : PER) 등을 이용하여 왔다(박정식, 1997).

그러나 재무분야에서 사용되어온 이러한 방법들은 대부분 제조업 중심의 기업가치를 평가하는 데 사용되었기 때문에 유형자산과 수익의 가치에 초점을 맞추고 있으며, 회계분야 역시 총자산순이익률(return on assets : ROA)과 비용절감과 같은 회계 기반의 측정치(Weill, 1992)를 사용하여 기업가치를 평가하여 왔다. 그러나 이와 같은 측정방법은 기업가치를 측정함에 있어서 정보기술의 전략적 효과를 제대로 반영하지 못하였다. 더욱이 ERP 투자효과는 단기간에 발생하는 것이 아니라 장기간에 걸쳐 발생함으로써 이와 같은 방법으로 기업가치를 측정하기에는 많은 문제점을 내포하고 있었다. 따라서 ERP 투자효과를 측정하기 위해서는 장기적인 효과를 분석해야 하며, 이를 위해서는 주식시장에 서 주가의 움직임을 살펴보아야 한다. 왜냐하면 기업의 장기성 과는 주가에 반영되는 것이 일반적이기 때문이다.

이처럼 ERP 도입이 기업가치를 어느 정도 증진시키는가에 대 한 현실적인 중요성에도 불구하고, 국내 ERP에 대한 기존연구는 ERP 보강 패키지의 접목효과, ERP 구현상의 이슈, 사례연구, ERP 보완시스템, ERP 제품 및 시장동향과 ERP 도입의 핵심성공요인 (Critical Success Factors : CSF) 등 단기간 투자효과를 검증하는 측 면에 머물러 있었다(남천연, 1999).

이러한 관점에서 본 연구는 사건연구 방법(event study methodology) 을 이용하여 우리나라 상장기업의 ERP 도입의 공시가 주식수익 률에 미치는 영향과 그 영향의 크기, 방향을 결정지을 수 있는 요인을 Hayes, Hunton and Reck(2001)의 연구방법을 중심으로 실증 적으로 분석해 보고자 한다. 이를 통해 실증적 연구(empirical study)의 토대를 마련함과 동시에, 객관적인 입장에서 ERP 도입 의 공시가 주식수익률에 미치는 영향 등을 확인하고자 한다.

제2절 연구의 방법 및 범위

본 연구는 시장조정수익률모형(market adjusted returns model)을 사용하여 측정한 공시일 전후 각 30일간(t = -30, +30) 주식초과수 익률을 근거로 1996년 1월 1일부터 2003년 8월 31일 사이에 이 루어진 총 52건의 ERP 도입의 공시가 주식수익률에 미치는 영 향을 분석하였다.

ERP 도입의 공시표본을 전체표본과 소표본으로 구분한 후, 기업규모, 재무 건전도, 공급업체(Vendor) 유형, ERP 도입시점의 공시유형에 따른 소표본을 대상으로 공시일 전후 기간의 초과수익률을 측정하였다. 또한 ERP 도입의 공시 시 초과수익률에 미치는 영향과 그 크기와 방향에 영향을 미치는 요인을 알아보기 위해 T-test 및 분산분석(ANOVA)을 실시하였으며, 기업의 특성변수를 사용하여 다중회귀분석(multiple regression analysis)을 실시하였다.

회귀분석식에서 종속변수로는 CAR(0 ~ +1)를 사용하였고 공시일의 초과수익률을 설명하는 독립변수로는 기업규모, 재무 건전도, 공급업체(Vendor) 유형, ERP 도입시점의 공시유형(구축 중·구축완료)을 변수로 사용하였다.

이 책의 구성은 다음과 같다. 제1장에서는 본 연구의 서론으로 연구 목적, 연구의 방법과 범위를 기술하였다. 제2장에서는 ERP에 관한 이론적 배경을 기술하였으며, 제3장에서는 정보기술(IT)과 기업가치에 관련된 선행연구들을 참조하였다. 제4장에서는 표본의 선정 및 분석방법을 제시하였으며, 제5장에서는 ERP 도입의 공시효과에 관한 실증적 검증결과를 분석하여 그 결과를 제시하였다. 마지막으로 제6장에서는 본 연구의 주요 결과를 요약하고, 연구결과의 이론 및 실천적인 시사점을 밝혔으며, 아울러 본 연구의 한계점과 향후 연구방향에 대해 제시하였다.

제2장 ERP에 관한 이론적 배경

제1절 ERP의 개념

1. ERP 시장 현황

서비스 분야별 전세계 ERP 시장 전망을 살펴보면 <표 1>과 같이 컨설팅 12.4%, 시스템 구축 7.2%, 영업관리 21.9%, 기술지원 5.1%, 교육훈련 12.4%의 성장률을 보일 것으로 전망하고 있다.

<표 1> 서비스 분야별 전세계 ERP 시장 전망(1999 ~ 2004)

(단위: 백만 달러)

구 분	1999	2000	2001	2002	2003	2004	성장률(99-04)
컨설팅	7,318	8,564	9,563	10,227	11,353	13,123	12.4%
시스템구축	10,499	11,543	12,057	12,450	13,327	14,835	7.2%
영업관리	7,000	8,936	10,810	12,450	14,808	18,829	21.9%
기술지원	4,454	5,213	5,821	5,780	5,923	5,706	5.1%
교육훈련	2,545	2,979	3,326	3,557	3,949	4,564	12.4%
합 계	31,816	37,235	41,577	44,464	49,360	57,057	12.4%

자료: IDC 자료 정리, 2000년 9월.

국내의 경우, 산업자원부가 2002년 8월 1일부터 9월 30일까지 코스닥 등록법인(822개사) 및 증권거래소 상장법인(672개사)를 대상으로 ERP 도입 여부 및 활용 실태를 조사한 결과, 거래소 672개 기업 가운데 ERP를 도입한 기업은 304개 기업(45.24%),

코스닥 822개 기업 가운데 ERP를 도입한 기업은 352개 기업 (42.82%)으로 전체 평균 도입률은 43.9%로 조사 되었다.

기업별로는 거래소의 경우, 대기업은 46.87%(367개사), 중소기업은 43.28%(132개사)를 차지 하였고 코스닥 등록기업의 경우, 대기업 37.70%(23개사), 중소기업 43.23%(329개사)로 중소기업의 ERP 보급률이 상대적으로 높게 나타났다. 코스닥 대기업의 ERP 보급률이 저조하게 나타난 원인은 코스닥 대기업 가운데 CJ 39 쇼핑, 한국투자신탁 등 유통, 금융, 기타 정보통신 서비스 업종이 전체의 50% 수준을 차지하고 있어, ERP는 도입하고 있지 않지만 자사 업종에 적합한 정보시스템을 구축ㆍ활용하고 있는 것으로 판단된다. <표 2>는 ERP 도입 비율을 나타낸다.

<표 2> ERP 도입 비율

구 분	거래소 상장기업(672개사)		코스닥 등록기업(822개사)	
기업규모	대기업(367개)	중소기업(305개)	대기업(61개)	중소기업(76개)
도입 비율 (도입 기업)	46.87% (172개)	43.28% (132개)	37.70% (23개)	43.23% (329개)
시장 평균	45.24%(304개)		42.82%(352개)	
전체 평균	43.9%(656개)			

자료: 전자신문, 2002. 10. 29.

2. ERP의 정의

ERP의 개념을 처음으로 제시한 가트너 그룹(Gartner Group)은 1994년 보고서에서 ERP를 "기업 내 각 업무 기능들이 조화롭게 제대로 발휘할 수 있도록 지원하는 응용 시스템들로 구성된 차세대 업무시스템"으로 정의하고 있으며, 이후 1995년 보고서에서는 ERP를 '제조, 회계, 물류 및 기타 업무 기능들이 조화롭게 발휘될 수 있도록 지원하는 응용시스템 소프트웨어들의 집합'으로 더욱 구체화하여, ERP를 "기업 내 각 업무 기능들이 조화롭게 제대로 발휘할 수 있도록 지원하는 애플리케이션(application) 집합으로 차세대 업무시스템" 이라 하였다.

이에 반하여 AMR(Advanced Manufacturing Research)는 ERP를 고객 지향적인 생산관리 시스템으로 분류하였다. 미국생산재고관리협회(American Production & Inventory Control Society : APICS) 제8판 용어사전(1995)은 ERP를 "종래의 MRP II 시스템과는 다르며, 그래픽 유저 인터페이스(Graphic User Interface : GUI), 관계형 데이터베이스(Relational Database Management System : RDBMS), 제4세대 언어(Fourth Generation Language : 4GL), 케이스 툴, 클라이언트 서버 시스템(Client/Server Architecture : C/S), 개방형 시스템 등 최신 정보기술(Information Technology)을 채택하고 고객주문의 수주로부터 제조, 출하, 그리고 회계처리에 필요한 전사적인 자원을 명확하게 하고 계획하기 위한 회계정보시스템(Accounting Information System : AIS)" 으로 정의하고 있다(윤재봉, 김명식, 권태경, 1998).

오라클(Oracle)社는 ERP를 "재무, 인사, 회계를 포함해 구매, 생산, 물류 등 기업의 전 업무를 포괄하며, 시스템 설치 및 실행기간을 단축시키고 설치과정 중 기업의 프로세스를 재설계할 수 있는 능력을 가지는 대형 소프트웨어" 라고 정의하였다.

최무진(1999)은 ERP에 대한 정의를 정보시스템 컨설팅 회사, 학회, 연구회, 그리고 개인 연구자들에 의해 각자의 관점으로 정의하고 있으며, 그 사용범위 또한 구체적인 소프트웨어 패키지를 지칭하는 것에서부터 새로운 경영관리 개념에 이르기까지 폭 넓게 사용하고 있다.

박영웅(1997)은 ERP란 각종 경영자원을 하나의 통합적인 체계로 재구축함으로써 생산성을 극대화하고 대외경쟁력을 높이는 대표적인 기업 리엔지니어링(Re-engineering)을 추구하는 전사적 관리기법이라고 주장하고, 조남재와 유용택(1998)은 넓은 의미로 ERP를 기업전체의 경영자원을 유용하게 활용한다는 관점에서 구매, 생산, 물류, 회계 등 업무기능 전체의 최적화를 통한 경영의 효율화를 추구한다는 측면으로 설명하고, 좁은 의미의 ERP는 "ERP 개념을 실현하기 위한 통합형 업무패키지를 가리킨다'라고 설명하고 있다.

ERP 개념이란 기업의 사업운영에 있어서 구매, 생산, 판매, 회계, 인사 등 고객에게 가치를 제공하는 가치사슬(value chain)을 구성하는 비즈니스 프로세스를 부문이나 조직과 연결하는 횡단적인 것으로 파악하고 전체의 가치사슬 속에서 경영자원의 활용을 최적화 하는 계획, 관리를 위한 경영개념을 말하며, ERP 시스템이란 ERP 개념을 기업경영에 구체적으로 실현하기 위한 정보기반을 말한다. 구체적으로는 기업의 사업운영 중추가 되는 기간업무를 위한 새로운 정보시스템을 의미한다. ERP 패키지란 ERP 시스템을 효과적으로 구축하고 운용하기 위한 중핵으로 제공되는 애플리케이션 소프트웨어 제품이다.

이 책에서는 ERP를 업무기능 전체의 최적화를 통한 경영의 효율화로, 조직혁신(Organizational Innovation)을 달성하려는(Daft, 1978), 통합적인(Integrated) 응용소프트웨어 패키지(Application Software Package : ASP)를 수단으로 구현되는 전사적인 정보시스템(Information System : IS)으로 정의하고자 한다(Swanson, 1994).

제2절 ERP의 발전

1. ERP의 역사

ERP는 경영 및 정보기술(IT) 환경이 변화함에 따라 생겨난 것으로 기업의 원활한 자재·구매활동을 위해 제안된 1970년대의 자재소요량계획(Material Requirement Planning : MRP)과 1980년대의 생산자원계획(Manufacturing Resource Planning : MRP II)을 비롯하여 생산관리 분야의 JIT(Just In Time), TQM(Total Quality Management) 등을 비롯하여 경영분야의 MIS(Management Information System), EIS(Executive Information System) 등 분야의 발전에 그 모태를 두고 있다.

MRP는 구성 품목의 수요를 산출하고 필요한 시기를 추적하며, 품목의 생산 혹은 구매에 사용되는 리드 타임을 고려하여 작업 주문 혹은 구매주문을 내기 위한 컴퓨터 재고 통제 시스템으로 개발된 것이다. 초기의 MRP 시스템은 확고한 개념의 미정립, 컴퓨터와 통신기술의 부족, 데이터베이스 기술의 미흡 등으로 시스템을 구현 시키기에 여러 가지로 부족한 점이 많았다. 특히 제조관련 설비능력의 한계를 고려하지 않거나, 또는 일정계획의 변동사항을 실시간으로 반영해 주지 못했기 때문에 실현 불가능한 생산계획을 수립하는 등 문제점이 있었다. 1980년대에 이르러 자재뿐만 아니라 생산에 필요한 모든 자원을 효율적으로 관리하기 위하여 MRP II가 등장하게 되었다. 소품종 대량생산의 제조환경이 다품종 소량생산 형태로 변모함에 따라 고객지향의 업무체계가 요구되었고, 이에 따라 수주관리, 판매관리, 재무회계, 재무관리 등의 중요성이 크게 대두하기 시작하였다. 여기에 컴퓨터 기술의 발달로 데이터베이스나 통신 네트워크가 중요한 기술로 등장하면서 MRP는 큰 변화를 맞게 되었다. 기존 MRP의 문제점을 개선 시키면서 수주관리, 판매관리 등 새로운 기능을 포함시킨 시스템으로 확장된 것이다. 즉, 생산현장의 실제데이터와 제조자원의 용량제한을 고려하고, 자동화된 공정데이터의 수집, 수주관리, 재무관리, 판매·주문관리 등 기능이 추가되어 실현 가능한 생산계획을 제시하면서 제조활동을 안정된 분위기에서 효율적으로 움직일 수 있는 MRP II가 탄생하게 되었다. MRP II는 스케줄링 알고리즘과 시뮬레이션 등 생산활동을 분석하는 도구가 추가되면서 더욱 지능적인 생산관리 도구로 발전하게 된 것이다. 그러나 MRP II 역시 구현하는 정보기술상의 한계로 인하여 부문 간 진정한 통합과 유연성이 미흡하다는 한계점을 지니고 있다.

1990년대 들어 컴퓨터 기술의 발전이 더욱 가속화 되면서 많은 제조기업들은 MRP II를 확장한 통합정보시스템 즉, ERP 도입을 추진하게 되었다. 고객회사, 하청회사 등 상하위 공급망 네트워크와 설계, 영업, 원가회계 등 회사 내 연관부서 업무를 동시에 통합적으로 고려하지 않고서는 올바른 의사결정을 내릴 수 없다는 인식을 하게 된 것이다. ERP는 생산 및 자재관리 업무는 물론 설계, 재무, 회계 및 원가관리, 영업 및 고객관리, 인사관리 등 순수관리부문과 경영지원 기능을 포함하는 통합정보시스템의 형태를 띠면서 발전해 가고 있다.

<그림 1> **ERP** 발전과정

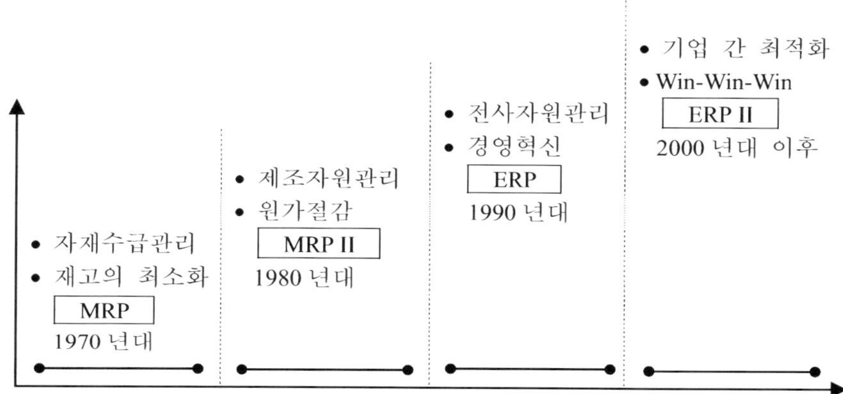

자료: 신철, 알기 쉬운 ERP plus, 미래와 경영, 2003, p. 43.

최근에는 기업 내에 공급망관리(Supply Chain Management : SCM), 고객관계관리(Customer Relationship Management : CRM), 전략적 기업관리(Strategic Enterprise Management : SEM), 기업 간 전자상거래, 인터넷을 기반으로 전자적으로 긴밀하게 연결되는 인터넷 비즈니스 또는 e-Business를 실현하기 위해서 확장된 ERP 시스템(extended ERP system)을 개발하고 있으며, 점차 적용범위를 확대해 가고 있다. <그림 1>은 ERP 발전과정을 나타낸다.

2. ERP의 특징

ERP는 기존 MRP, MRP II의 단점인 비유연성을 최소화하고 신기술인 객체지향 기술, 분산 데이터 처리, 개방형 구조, 라이트사이징(right sizing) 등을 받아들여 분산화, 개방화된 시스템(open system)으로 운영된다. ERP는 생산 및 생산관리 업무는 물론, 순수 관리부분과 경영지원 기능까지 포함하고 있으며, 이들 모든 업무에 덧붙여 고객 또는 협력회사 등 상하위 공급체계에 대한 최적 의사결정을 내려주는 통합정보시스템 도입을 목표로 한다. 결과적으로 ERP는 고객서비스는 극대화하면서 재고수준은 최소화하는 것이 가능하며, 모든 자금의 흐름을 재무나 회계 모듈로 집결되면서 한눈에 파악 가능하도록 해 준다. ERP가 지니고 있는 특징은 다음과 같다.

(1) 다국적, 다통화(multi-currency), 다언어(multi-language)

ERP는 글로벌화를 지향하는 다국적 기업을 지원하여야 하기 때문에, 다통화, 다언어를 제공하여야 한다. 각 나라의 법률과 대표적인 상거래 습관, 생산방식이 먼저 시스템에 입력되어 있어서 사용자는 이 가운데서 선택하고 설정할 수 있다. 다국적 기업 또는 글로벌 기업 등이 ERP를 도입하여 활용하는 예를 많이 보고 있듯이 지원도 국제적으로 이루어지고 있다.

(2) 업무 및 프로세스 통합화

ERP는 기업 업무 간 통합, 각 업무에서 발생하고 축적된 데이터 또는 정보통합 및 국내·외 산재된 복수 거점을 연결하는 기업내 또는 기업 그룹 간 통합, 그리고 제조기업을 중심으로 한 공급사슬상의 기업 간 통합을 가능하게 한다. ERP 통합화로 인한 업무와 관련 데이터들을 통합적이고 일원적인 관리가 가능해짐에 따라 모든 업무내용을 실시간으로 파악할 수 있게 해 준다. 그 결과 실제상태에 근거하여 각종 경영에 관한 판단이나 의사결정을 적시에 할 수 있게 된다. 그리고 특정 업무에 대한 의사결정이 다른 업무에 미치는 영향을 사전에 평가할 수 있으며, 이와 관련한 업무의 시뮬레이션과 계획 주도의 경영을 할 수 있도록 해 준다.

(3) 정확한 계획수립 기능

ERP는 글로벌하게 통합된 질 높은 정보를 신속히 제공할 수 있어 생산, 자재, 생산요소, 공급업체, 고객, 수 · 배송, A/S, 재무, 회계, 인사급여 등 기업의 전 프로세스를 통합하여 계획하고 관리할 수 있다.

(4) 프로세스 리엔지니어링 실현

ERP 구축의 기본 사상은 자사의 기업 형태에 적합한 표준 비즈니스를 기본으로 하여 ERP에서 제공하는 기능을 가능한 수정 없이 사용토록 하는 것이다. 그리고 ERP 구축 과정에서 진행되는 업무 프로세스에 대한 분석, 업무 요구사항과 패키지 기능에 대한 차이분석(Gap analysis) 및 설계와 개발과정에서 업무 프로세스 리엔지니어링(Business Process Reengineering)이 자연스럽게 실현되도록 하고 있음을 강조하고 있다.

(5) 글로벌화(Globalization)에 대한 대응

기업이 해외진출이나 세계적 규모로 사업이 확대되는 경우에 대비하여 각국의 언어와 통화를 비롯한 회계기준 및 법 · 제도에 대해서도 대응해야 한다. ERP는 이러한 다국적 환경에서 시스템을 구축하고 운용하는 것을 전제로 하고 있기 때문에 글로 벌화에 대한 대응을 가능하게 해 준다.

(6) 차이분석(Gap Analysis)에 의한 기능추가(Add-on Customizing)

ERP는 상용화된 패키지 구입에 의한 구현이 주류를 이루고 있다. 따라서 차이분석을 통해 ERP 패키지와 기업 요구사항 사이에 발생되는 기능상의 차이를 파악해야 한다. 이러한 차이 해소를 위해서는 패키지가 제공하는 방법 또는 CASE 도구를 활용하여 부족한 기능을 추가 개발(Add-on Customizing)하는 것이 필요하다.

(7) 산업별로 특화된 솔루션 제공

ERP는 산업별로 특화된 고유의 업무 프로세스와 산업 공통의 프로세스를 통하여 제조, 금융, 건설 및 엔지니어링, 병원, 보험, 도·소매 및 공공부문에 이르기까지 분야별 해결책을 제공하고 있다. 따라서 제조업종 위주의 ERP는 전 산업분야를 지원하는 통합시스템으로 발전하고 있다.

(8) 파라미터 설정(configuration)에 의한 시스템 유연성 확보

과거 MRP II 시스템에서 높은 실패의 주 원인이었던 시스템 사용의 유연성 부족을 ERP에서는 파라미터 설정기능을 이용하여 보완하였다. ERP에는 업종별 산출물, 표본(template)이 이미 내장되어 있으므로 한 가지 업무를 정의하기 위해 수 백여 종의 파라미터를 모두 설정하지 않아도 될 수 있도록 편의를 고려하였다.

(9) 최신의 정보기술(IT)을 채용한 기업정보시스템

ERP는 최신 정보기술을 이용하여 구축함으로서 정보기술의 발전 추세에 맞추어 유연하게 대응할 수 있다. 따라서 국내뿐만 아니라 해외에서도 과거 수 십 년 전에 구축한 중앙 집중형 시스템을 보유한 기업으로서는 새로운 정보기술에 의해 새로이 구축할 수 있는 기회를 맞이하게 되었다. 구체적으로 정보기술적 측면에서 보면 개방시스템 환경 하에서 관계형 데이터베이스를 이용한 분산처리 및 멀티프로세싱이 가능하므로 여러 전역에 산재해 있는 경영 단위들의 업무처리가 신속하고 편리하게 이루어질 수 있는 시스템 체제의 구성이 가능해진 것이다.

(10) 통합적 관리

ERP 이전에는 각 기업체에서 개발하여 사용하던 시스템이 분야별로 독립적으로 개발되어 활용되어 왔기 때문에 통합적 관리가 불가능했다. 그러나 ERP가 각 분야의 기업활동과 데이터를 통합적으로 관리하도록 해 주고 있고, 데이터의 변경내용을 실시간 반영해주기 때문에 정확한 정보를 가지고 경영의사결정을 내릴 수 있도록 지원해 준다는 것이다. ERP는 정보시스템의 통합 환경을 강점으로 하고 있으며, 이를 통해 기업의 모든 정보를 한곳으로 집중시켜 신속한 의사결정을 통한 경쟁우위를 확보하는 데 있다고 할 수 있다. 이와 같이 ERP가 지니고 있는 특성으로 인하여 기업은 ERP 도입을 통해 선진기업의 업무처리방식을 도입할 수 있을 뿐 아니라 글로벌 표준을 수용함으로써 글로벌 대응이 가능해진다. 아울러 전사(全社) 통합적으로 정보를 공유하고 실시간 업무를 처리할 수 있어 생산성향상 및 스피드경영을 기대할 수 있게 된다.

3. ERP 도입의 필요성

정보화 사회에서는 정보자원과 정보기술을 중심으로 하여 경쟁력 강화전략이 요구 되었다. 이와 같은 변화 원인은 단순화, 반복화, 대량화, 저가화를 통해 최소의 비용으로 대량생산을 창출하는 공급자 중심의 산업사회에서 고객지향적(customer oriented)인 관점에서 모든 것을 바라볼 수 있는 시스템으로 대변화가 요구되었기 때문이다. 다음은 ERP 도입의 필요성을 설명하고 있다.

(1) 개발기간 단축

ERP 패키지는 대규모 기업의 기간업무 전체를 대상으로 설계된 기성품 소프트웨어 제품이기 때문에 지금까지 시스템 개발에서 행해지던 업무분석, 설계, 그리고 프로그래밍 등의 단계를 생략할 수 있다. 그리고 ERP는 시스템이 본격 가동까지 개발기간을 대폭 단축할 수 있다.

(2) 총개발비용 절감

ERP 패키지가 제공하는 업무모델이나 기능을 최대한 활용하는, 즉 현재의 업무내용이나 업무수행 방법을 재검토해 ERP 패키지에 가능한 부합 시킴으로써 패키지의 수정이나 추가적인 시스템 개발에 필요한 비용을 대폭적으로 절감할 수 있다. 그리고 정보시스템의 유지·보수가 용이하고, 서비스 또한 충실하기 때문에 ERP 패키지 도입 후, 운용에 필요한 비용도 절감할 수 있다.

(3) 도입에 따른 Risk 최소화

개발기간의 장기화, 총개발비용의 증가, 도입 후 과부하 등 신규 정보시스템 도입에 따른 Risk가 초미의 관심사다. 그러나 패키지 소프트웨어로서 완성도와 신뢰성이 보증된 ERP 패키지는 패키지 개발 시 상정된 모든 이용환경에서 가동될 수 있다. 따라서 대폭적인 수정을 가하지 않는 한, 도입에 따른 각종 Risk를 줄일 수 있다.

(4) 단계적 도입이 가능

생산, 판매, 회계, 인사 등 기간업무 각각에 대응한 모듈로 구성된 ERP 패키지에서는 각 모듈 간 독립성이 고도로 유지되고 통합데이터베이스를 매개로 관련되어 있다. 따라서 도입기업의 사정에 맞추어 수요가 많은 모듈부터 단계적으로 ERP 시스템을 구축할 수 있다. 이러한 단계적 도입으로 ERP 패키지 도입에 동반하는 Risk를 최소화할 수 있다.

(5) 과거의 도입 실적에서 축적된 노하우(know-how)를 활용

ERP 패키지를 이미 도입한 선진기업의 성공사례나 동업종 기업의 활용사례를 통해 축적된 기업모델이나 업무흐름이 표본(Template)으로 풍부하게 제공되기 때문에 자사의 시스템 구축에 참고할 수 있다. ERP 역할을 정보시스템(MIS)과 비교하면 <표 3>과 같다.

<표 3> 정보시스템(MIS)과 **ERP**의 특성 비교

구 분	정보시스템(MIS)	ERP
시장조건	제한된 시장, 독과점체제	무한경쟁
소비자 의식	획일적	다양화, 개성화
생산자원	물자, 자본, 인력(3M)	정보, 지식, 시간
지 역	Local	Global
추구 과업	Task	Process
일 가치 기준	내부통제(상하관계)	외부중심(고객지향)
접근 방식	전산화, 자동화	경영혁신 수단
의사결정 방식	상향식(Bottom-up)	하향식(Top-down)
조직 구성	수직조직(계층적)	수평조직(팀제)
업무 범위	단위업무	통합업무
업무처리 방식	수직적 업무처리	수평적 업무처리
업무처리 형태	부분 최적	전체 최적
시간 개념	Stock	Flow
기업의 노하우	기업 고유의 노하우	세계 공통의 비즈니스 추구
조직의 목표반영 정도	업무적 목표	조직혁신적 목표
사용자 참여 정도	소극적	적극적
변화관리 방법	점진적 변화	혁신적 변화
시스템의 구현 목적	부문과 현장 중심	전체 최적 중심
개발 및 도입기간	길다	짧다
전산화 형태	중앙집중식	분산처리구조
도입 및 개발주체	정보처리 부문 중심	사용자 중심
시스템 단위	부문 · 사업부	전사(全社) 기능 통합
업무와 시스템 관계	업무에 맞추어 시스템 개발	시스템에 맞추어 업무 변경

자료: 김재진, "ERP 구현특성에 따른 변화관리특성과 ERP 도입 성과 간 관계", 국민대학교 박사학위 논문, 1999.

제3장 선행연구의 검토

제1절 정보시스템 성과의 평가

1. 정보시스템 성과의 평가 요소

Li(1997)는 정보시스템 성공요인을 시스템 성능, 정보의 질, 정보의 이용, 사용자만족, 개인적 영향, 조직적 영향력 6가지로 분류하여 사용자 만족도의 중요성을 강조하였다. Bailey and Pearson(1983)은 8개 기업 32명 관리자가 사용하는 정보시스템을 대상으로 접근의 편리함, 시스템의 유연성, 시스템의 통합, 응답시간 등 측정변수를 사용하여 시스템 품질을 측정하였다.

Srinivasan(1985)은 컴퓨터기반 모델링 시스템을 사용하는 29개 기업을 대상으로 응답시간, 시스템 신뢰도, 시스템 접근성의 측정변수를 사용하였으며, Franz and Robey(1986)는 정보시스템을 사용하는 34개 기업 사용자를 대상으로 12개 항목의 정보시스템의 인지된 유용성을 측정변수로 사용하였다.

Mason(1978)은 정보시스템의 출력과 이용과정을 조사함으로써 생산성과 효과를 측정하였다. 그는 기술적 수준, 의미적 수준, 기능적 수준, 실용적 수준별로 측정변수를 선정하고 정보출력과 정보이용 간 전달의 정확성을 이용자로 하여금 효과를 판단하게 하는 측정방법을 사용함으로써 산출물에 대한 생산성과 효과를 측정하였다.

Zmud(1979)는 정보시스템 산출물에 대한 포괄적인 연구에서 출력정보의 질적 차이에서 정보의 유용도, 신뢰도, 정보제공 양식의 품질, 정보내용의 품질 등을 측정변수로 선정하였다. 또한 같은 정보를 테이블양식과 **Bar Chart** 형식으로 표현하고, 각각에 대하여 그 의미적 차이를 대상으로 설문 조사하여 정보시스템 산출물에 대한 평가에 있어서 포괄해야 할 항목을 실증적으로 도출하였다.

Neumann and Segev(1980)는 출력정보의 성격과 경영성과에 대한 공헌도 등을 측정변수로 선정하여 149명에 대해 5점 척도로 관리자가 사용하고 있는 전산출력 보고서에 대한 설문조사를 실시하고, 각 보고서에 대한 순위를 구하여 시스템 성과에 대한 평가를 측정하였다.

이종호(1994)는 정보품질 측정변수로서 출력정보의 적시성, 정확성, 신속성, 이용의 용이성, 정보량과 의사결정과정의 공헌도 등 질적·양적 측면을 모두 고려하였다. 각 항목에 대해 현재 상태, 개선될 필요성, 중요도 등을 각 사용자로 하여금 평가하도록 하고, 시스템 사용상의 장애요인을 사용자로 하여금 판단하게 하여 평가하도록 하였다.

Maish(1979)는 보다 더 포괄적으로 정보시스템 요원의 자질, **Batch/On-Line** 출력자료의 질, 설계변경의 참여 여부, 사용자의 행위변화 등을 측정변수로 선정하여 정보시스템을 사용하고 있는 관리자 62명을 대상으로 각 항목에 대해 7점 척도로 설문조사를 실시하여 합산한 평가치를 측정하는 방법을 사용하였다.

King(1988)은 2개 기업의 76명 관리자를 대상으로 정보의 현재성, 충분성, 이해가능성, 적시성, 신뢰성, 의사결정의 관련성, 비교가능성, 정보의 양 등을 변수로 제시하여 연구하였으며, Miller and Doyle(1987)는 21개 금융기업에 종사하는 276명 사용자와 관리자를 대상으로 정보의 완전성, 정보의 정확성, 보고서의 관련성, 보고서의 적시성 등을 측정변수로 사용하여 측정하였다.

Bailey and Pearson(1983)은 시스템 사용자의 만족 구성요인을 광범위하게 해석하여 정보자체에 대한 만족뿐만 아니라 사용자 참여도 및 전산부서에 대한 만족까지를 포함한 총 39개 평가항목을 추출하여 각 항목에 대한 만족도와 중요도를 측정하였다. 정보시스템의 평가요소를 정리하면 다음과 같다.

<표 4> 정보시스템 성과의 평가요소

평가부문	연구자	측정변수
시스템 품질	Bailey and Pearson(1983)	• 접근의 편리함 • 시스템의 유연성 • 시스템의 통합 • 응답시간
	Barti and Huff(1985)	• 사용자의 기대현실
	Belardo, Karwan and Wallace(1982)	• 신뢰성 • 응답시간 • 사용의 용이성 • 학습의 용이성
	ConKlin, Gotterer and Rickman(1982)	• 응답시간
	Franz and Robey(1986)	• 정보시스템의 인지된 유용성 (12개 항목)
	Goslar(1986)	• DSS의 유연성
	Hiltz and Turoff(1981)	• 특별한 기능의 유연성
	Kriebe and Raviv(1982)	• 자원의 활용 • 투자
	Lehman(1986)	• 정보시스템의 복잡성 (신기술의 사용)
	Mahmood(1987)	• 시스템의 유연성
	Morey(1982)	• 저장된 자료의 에러율
	Srinivasan(1985)	• 응답시간 • 시스템 신뢰도 • 시스템 접근성
정보품질	Bailey and Pearson(1983)	• 시스템 산출물 정확성, 정밀성, 융통성, 적시성, 신뢰도, 완전성 간결성, 형태, 관련성
	Iivari(1986)	• 각 정보항목의 인지된 중요성

평가부문	연구자	측정변수
정보품질	Ives and olson(1983)	• 정보 현재성, 충분성, 이해가능성 적시성, 신뢰성, 의사결정의 관리성, 비교가능성, 양
	Mahmood(1987)	• 보고서의 정확성 • 보고서의 적시성
	Mahmood and Modewitz(1985)	• 보고서의 유용성
	Miller and Dovle(1987)	• 정보의 완전성 • 정보의 정확성 • 보고서의 관련성 • 보고서의 적시성
	Rivar and Huff(1985)	• 정보의 유용성
	Srinivasan(1985)	• 보고서의 정확성 • 보고서의 관련성 • 이해가능성 • 보고서의 적시성
사용자 만족도	Gallagher(1974)	• 보고서 양, 양식의 적절성, 신뢰도, 적시성, 비용
	Larcker and Lessing(1980)	• 중요성, 사용가능성
	Bailey and Pearson(1983)	• 전산부서 요원의 질, 정보 산출물의 질, 교육훈련, 사용자의 참여도
	JenKins and Ricketts(1985)	• 입력의 용이성, 반응시간, 문제발견 능력, 문제해결 능력
	Doll and Torkzadeh(1988)	• 내용 정확성, 양식, 사용의 용이성, 적시성 등
	Kim(1990)	• 시스템 분석 차이, 시스템 설계 및 실행차이, 정보 서비스 전달 차이

자료: 김경규, 박석원, "정보시스템 사용자 만족에 관한 실증연구", 경영학연
구, 제26권, 제1호, 1997, p. 97.

2. ERP 성과측정 방법

대표적인 성과평가 시스템으로는 Kaplan과 Norton(1992)의 균형성과표(Balanced Scorecard), Dixon(1990)의 성과평가 설문(Performance Measurement Questionaire), Lynch와 Cross(1992)의 전략적 측정분석과 보고기법(SMART), De Toni(1996)의 프로세스에 의한 관리, Ghalayini과 Noble(1996)의 통합적 성과평가시스템, General Motor사의 성과측정 및 피드백 구조 등을 들 수 있다. DeLone과 McLean(1992)은 시스템의 성공을 6가지 카테고리(시스템 질, 정보질, 사용자 만족, 개인효과, 조직효과)로 분류하였다.

6가지 성과평가 시스템 중 가장 빈번히 사용되는 기법은 균형성과지표(Balanced Scorecard : BSC) 모형이다.

<표 5> 통합성과 평가시스템

평가 시스템	주 요 내 용
Balanced Scorecard	• 연구자 : Kaplan & Norton(1992, 1996, 1997) • 내용 : 재무, 고객, 내부 프로세스, 학습과 성장관점 등 균형적인 척도 고려 • 의의 : 비재무적인 척도를 고려한 균형적인 성과지표 제시 • 한계점 : 비재무적인 척도에 대한 효과입증 부족 하위부서 지표 간 연관관계 부족
Performance Measurement	• 연구자 : Dixon(1990) • 내용 : 조직의 개선부문을 정의하고 기존의 척도가 개선에 미치는 영향 분석 • 의의 : 개선부문에 대한 평가척도 제시, 성과척도와 개선과의 관계규명 노력 • 한계점 : 일선현장의 개선부문에 대한 연계 부족

평가 시스템	주 요 내 용
SMART	• 연구자 : Wang Laboratories(1992) • 내용 : 성과척도를 경영목표와 조직의 수직적 체계로 분해하여 보여줌 • 의의 : 경영목표와 성과 척도 간 수직적 연계 제시 • 한계점 : 핵심지표를 제시하고 있지 않음. 지속적 개선 효과 미반영
Management by Process	• 연구자 : De Toni(1996) • 내용 : 프로세스 관점에서 성과평가를 하고 여러 기능 부서별 효율보다는 부문 간 효과를 지향 • 의의 : 기능별 성과 최적화가 정체성 극복, 프로세스 전체의 효율성 중시 • 한계점 : 프로세스상의 수평적합성과 수직적합성은 동일 차원의 지표만 가능함
Integrated Performance Measurement System	• 연구자: Ghalayini(1996) • 내용: 통합적인 성과평가 시스템에 대한 전체적인 방향 제시 • 의의: 전략과 목적에 맞는 개선과 필요성 강조 • 한계점: 구체적인 실현을 위한 도구 제시 못함
Performance Measurement feedback Scheme	• 연구자 : General Motors(1993) • 내용 : 전략을 행동과 연계 시키기 위한 틀 제공 • 의의 : 조직의 학습에 맞는 척도를 밝힘 • 한계점 : 성과지표 간 통합에 대한 보완 필요

자료: 정진황, "제조부문의 성과평가시스템과 정보시스템 연계에 대한 탐색적 연구", 한국과학기술원, 1998.

BSC 모형은 1992년 Kaplan과 Norton이 제안한 성과측정 방법으로 재무, 고객, 내부 프로세스, 학습 및 성장이라는 서로 다른 4가지 시각으로 구성되어 있다. 이전의 성과측정 방법은 재무적인 측면만이 성과측정에 활용되어졌다. 재무적 시각에서 성과측정에 사용되는 지표는 매출액 증가, 비용통제 등 과거 지향적인 후행지표가 주를 이루고 있다. 따라서 단기적이고 과거 지향적인 성과에 치중하고 있어 장기적인 성과에는 유용하지 못하며, 재무적 성과만으로 조직의 성과를 측정하기에는 현재의 조직형 태가 복잡하고 다양화 되어 있으며, 인적자원 등 비중이 높아 부적절하다는 단점을 가지고 있다. <표 5>는 통합성과 평가시스템 에 대한 연구자별로 연구내용과 의의 그리고 한계점을 분석한 것 이다.

3. ERP 성과평가

ERP는 재무관리, 회계관리, 생산관리, 판매, 재고관리, 인사관리 등 전사적(全社的)인 데이터를 일원화시켜 관리하고 경영자원을 계획적이고 효율적으로 운용하여 생산성을 극대화하는 정보시스 템이다. 따라서 기존의 정보시스템과 비교했을 때 구현기간, 구 현방법, 정보의 관리적 측면과 도입비용 및 시스템 특성 등에서 과정 중심적 평가기준과 결과 중심적 평가기준을 통해 보다 효 율적으로 도입성과를 거둘 수 있다(김영문, 1997).

차준섭(1999)은 "제조업체 ERP 도입에 따른 고찰"에서 ERP 도입 의 효과를 ERP 시스템의 기본기능에 근거하여 전체적인 효과, 외 형적 업무, 운영비용 절감효과, 비용제한을 넘어선 업무 효율화, 재 무분야에서의 업무능률 향상, 공급체인 및 고객서비스 분야 개선, 전산비용 절감과 새로운 경제모델로의 전환 등으로 나누고 있다.

김동일(2001)은 "ERP의 분산·통합지원 기능이 업무성과에 미 치는 영향에 관한 연구"에서 ERP를 크게 IS(Information System) 의 한 부분으로 보고 성과평가 요인을 업무효율성과 사용만족도 로 분류하고 있다. 이 논문에서는 ERP 참조 모델인 프로세스 사 슬을 생산, 재무, 정보관리 부문으로 구분하여 평가하고 있다.

생산부문은 재무 및 회계부문으로 통합되어 비용센터(Cost Center)에서 수익과 비용을 통합 관리하게 된다. 정보관리 부문은 거래에 관계된 모든 데이터를 분석하고 추출하여 저장, 관리하는 부분으로 산출된 유용한 정보를 적용하여 업무성과 등을 고려하여 피드백 시키게 되는 일련의 프로세스 과정이라고 설명하고 있다.

손성호와 공두진(2002)은 "ERP 시스템의 성공요인과 재무적 성과의 이론적 연구"에서 정보시스템 효과성은 외부관점과 내부관점에서 평가할 수 있다고 보고 외부관점의 효과성은 생산성과 이윤을 중심으로 한 자원조달 및 목표달성에 초점을 두며, 내부관점의 효과성은 내부 운영과정 및 인간관계에 초점을 두고 ERP 시스템 성과를 크게 비용 효과성, 의사결정의 질 향상, 업무의 효율성으로 구분하였다. 또한 성과변수를 균형성과표(Balanced Scorecard)의 틀인 재무관점, 고객관점, 학습 및 성장관점, 프로세스 관점을 토대로 재무성과 변수와 비재무성과 변수로 구분하였다. 재무성과로는 원가성과 수익성, 성장성, 투자 중심점별로 평가하였고 비재무성과 정보로 고객성과 학습 및 성장성과, 혁신성과, 품질성과, 시간성과를 성과변수로 사용하여 ERP 성과를 가시적인 측정이 가능한 재무적 성과로 측정하였다.

Richardson과 Gorden(1980)은 제조기업들은 직접비용 절감, 재고자산회전율 증가, 평균불량률 감소, 품질수준 향상, 제품의 기술 및 성능향상, 생산요소시간 단축, 제품의 납품시간 단축, 적시 공급능력 향상, 신제품 개발 증가 등을 성과지표로서 사용할 수 있다고 하였다. 임춘성(1997)은 ERP 성과는 신속한 의사결정 지원, 리엔지니어링 혁신추진, 고객만족도 향상, 기업자원의 효율적 통합 및 관리, 대외경쟁력 강화, 유연성 극대화, 비용절감 효과 등에 있다고 주장하였다.

제2절 ERP 도입의 공시와 Market Reaction에 관한 연구

1. Hayes, Hunton and Reck(2001)의 연구

ERP 도입의 공시와 주식시장의 반응을 실증적으로 연구한 최초의 논문은 Hayes 등(2001)이라고 할 수 있다. 연구기간은 1990년 1월 1일부터 1998년 12월 31일까지 9년간에 걸쳐 ERP 공급업체인 SAP, Oracle, Baan, Epicor, GEAC Smartstream, Great Plains, Hyperion, Intentia International, JBA International, JD Edwards, Lawson, PeopleSoft, QAD 등을 통하여 ERP 도입의 공시와 관련된 2,515건 가운데 최종 91건의 표본을 선정하여 연구하였다.

표본 기업의 규모를 Small 기업과 Large 기업으로 분류하고, 기업의 재무 건전도는 알트만(Altman)의 Z-scores를 이용하여 재무건전(Healthy) 기업과 재무불건전(Unhealthy) 기업으로 분류하였다. ERP 공급업체(Vendor)의 규모 역시, 중소규모(Small) 공급업체와 대규모(Large) 공급업체로 구분하고, 유형에 따른 분석을 통하여 ERP 도입의 공시가 주가에 미치는 영향을 조사하였다. 연구방법으로는 시장모형(Market Model)방법을 사용하였다. 총자산을 기준으로 중앙값(median)을 설정한 후, 표본기업을 Small 기업과 Large 기업으로 분류하였다. 선행연구를 바탕으로(Barron et al. 1999 ; Miller and Skinner, 1998 ; Newberry and Dhaliwal, 1998) 표본기업의 재무 건전도는 알트만의 Z-scores를 이용하여 재무건전 기업과 재무불건전 기업으로 분류하였다. 알트만의 Z-scores는 다음과 같은 산식에 의하여 계산되었다.

$$Z=1.2(WC/TA)+1.4(RE/TA)+3.3(EBIT/TA)+0.6(MVE/TD)+1.0(sales/TA)$$

$$
\begin{aligned}
Z \quad &= \quad \text{기업의 재무건전도 지수} \\
WC/TA \quad &= \quad \text{순운전자본(유동자산−유동부채)/총자산} \\
RE/TA \quad &= \quad \text{이익잉여금/총자산} \\
EBIT/TA \quad &= \quad \text{법인세비용차감전순이익/총자산} \\
MVE/TD \quad &= \quad \text{시장가치(보통주 발행주식수*월말주가)/총부채} \\
Sales/TA \quad &= \quad \text{매출액/총자산}
\end{aligned}
$$

알트만(Altman)의 Z-scores를 이용한 결과, Z값이 2.99보다 크면 재무건전 기업으로 분류하였고, Z값이 2.99보다 작거나 같을 경우에는 재무불건전 기업으로 분류하였다.

연구결과에 따르면 기업이 ERP 도입의 계획을 공시할 때, 공시 기업규모와 재무 건전도 유형에 따라 상이하게 시장의 반응이 나타났다. 특히 시장반응은 기업규모가 Small하고, 재무건전 기업에서 가장 유의적으로 나타났다. 기업규모가 Small하고, 재무 불건전 기업에서는 ERP 도입의 공시에 대한 정보효과가 비유의적으로 나타났다.

반면, 기업규모가 Large하고 재무건전 기업 그리고 기업규모가 Small하고 재무불건전 기업의 경우, ERP 도입에 의한 공시효과는 유의적으로 나타났다. ERP 공급업체(Vendor)의 규모에 따라서도 시장의 반응이 상이하게 나타났다. 중소 규모인 ERP 공급업체보다 대규모인 공급업체가 제공하는 ERP를 도입한 기업의 시장반응이 더 유의적으로 나타났다. 이와 같은 실증적인 증거는 투자가들이 ERP 도입의 공시가 대다수 기업들에게 있어서 시장의 높은 수익을 창출시키는 긍정적인 효과(good news)로 인식하였음을 나타낸다. 하지만 이와 같은 연구결과만으로 ERP 시스템이 실질적으로 ERP를 도입한 기업들에게 재무성과를 어느 정도 향상시키는지 측정하지는 못하였다.

2. Hunton, Lippincott and Reck(2003)의 연구

최근까지 정보기술(IT) 투자활동과 기업의 성과 사이에 유의적인 관계를 찾으려는 많은 연구들이 시도되었다. 그러나 대부분의 연구결과는 정보기술 투자와 기업성과 간에 비유의적인 결과만을 발견하였을 뿐(Weil, 1992 ; Hitt and Bryjolfsson, 1996), 정보기술 투자로 인한 기업의 성과를 측정할 수 있는 증거를 제시하지는 못하였다.

Hunton 등(2003)은 1990년 1월 1일부터 1998년 12월 31일까지 ERP를 도입한 기업과 ERP를 도입하지 않은 기업을 대상으로 ERP 도입에 따른 기업성과를 조사하였다. 연구목적을 위하여 ERP 도입 기업(63)과 미도입 기업(63)의 재무성과를 비교하였다. 연구결과 ERP를 도입하지 않은 기업보다 도입한 기업의 재무적 성과(총자산순이익률: Return On Assets : ROA, 자산회전율: Asset turnover : ATO, 투자수익률 : Return On Investment : ROI)가 크게 나타남을 발견하였다. 또한 Hunton 등(2003)은 연구를 통하여 ERP를 도입한 기업보다 ERP를 도입하지 않은 기업의 ROA, ROI, ATO가 상대적으로 작게 나타남을 연구결과로 제시하였다. 평균 3년 동안 ERP 도입 기업과 ERP를 도입하지 않은 기업의 ROA and ROI를 비교한 결과 ERP를 도입한 기업이 상대적으로 크게 나타났다.

ERP 도입 기업의 재무성과에 대하여 기업규모와 재무 건전도에 따른 관계를 조사한 결과, 기업규모와 재무 건전도 사이에 재무적 측정치(ROA, ROI and ROS)에 유의적인 관계가 있음을 발견하였다. 이와 같은 결과는 ERP를 도입한 기업 가운데 기업규모가 크고 재무불건전 기업이 기업규모가 크고 재무건전 기업보다 ROI가 크게 나타남을 보여주었다. 또한 기업규모가 작고 재무건전 기업이 기업규모가 작고 재무불건전 기업보다 ROA and ROS(return on sale : 매출액순이익률) 부분에서 재무적 성과가 우월하게 나타났다. ROA(ROS and ATO)를 측정한 결과 ERP를 도입하지 않은 기업의 ATO(efficiency)와 ROS(profitability)가 상대적으로 작게 나타났으며, ERP를 도입하지 않은 기업의 ROS가 감소되는 것을 발견하였다.

Hunton 등(2003)은 기업규모가 작고 재무건전 기업의 경우, 기업규모가 작고 재무불건전 기업보다 ERP 도입으로 인하여 미래의 효익을 발생시킬 수 있는 가능성이 있음을 연구결과로 제시하였다. 왜냐하면 기업규모가 작고 재무적으로 건전한 기업의 경우에는 전사적(全社的)인 통합에 의하여 기업이 필요로 하는 자원들을 획득할 수 있으며, 그것들에 의하여 시장에서 중요한 역할을 수행할 수 있다. 그러나 불행하게도 기업규모가 작고 재무불건전 기업의 경우에는 제한된 자원 때문에 ERP 도입으로 인한 잠재적 영향이 부분적으로 최적화 할 수 밖에 없음을 연구결과로 제시하였다.

3. 방종욱(2000)의 연구

방종욱(2000)은 ERP 도입에 따른 공시효과를 보기 위해서 사건연구 방법(event study methodology)을 사용하여 주가에 미치는 영향을 분석하였고, 펀드매니저, 애널리스트 등 투자자들과 면접을 통하여 ERP 도입의 공시가 주가에 미치는 영향을 분석하였다.

연구기간은 1996년 11월부터 2000년 5월까지 데이터 검색을 통해 주요 일간지에 ERP 도입을 결정 공시한 기업(31)을 표본으로 하였다. 연구에서 사건은 ERP 도입 결정 공시이고, 사건 기간(event window)은 사건일 전 1 영업일과 사건일 후 1 영업일로 설정하였다. 초과수익률의 추정은 시장모형(market model)을 사용하였다.

연구결과, ERP에 대해서 실제 알려진 것과 많은 공급업체의 주장과는 상이하게 ERP 도입으로 인해 주가에 부정적으로 영향을 미치는 것으로 나타났다. 이와 같은 결과는 많은 기업들이 여러 가지 원인으로 인해 ERP를 도입하고 있고, 그 성공적인 구축 및 실행을 위해 노력하고 있지만 시장에서 ERP 도입에 대한 반응은 공급업체 주장 및 도입 기업들의 성공사례 발표와는 다르게 나타나고 있음을 보여주었다. 이러한 사실은 ERP가 가지는 긍정적인 영향보다는 부정적인 영향이 더 큼을 나타내고 있다.

연구결과 ERP 도입의 공시는 주가에 부정적인 영향을 미치는 것으로 나타났고, 도입 시기와 주가반응은 무관한 것으로 나타났다. 이와 같은 결과를 해석하기 위해 애널리스트들과 인터뷰 결과 ERP 도입이 기업의 성과로 연결되기 힘들다는 것을 인식하고 있었으며, 그 원인으로는 기업의 프로세스와 ERP 프로세스와의 부적합(misfit)과 자금조달 방식 등의 문제로 분석하였다.

방종욱(2000)의 연구결과 ERP 도입의 공시가 주식시장에서 부정적인 효과로 나타났지만, 이와 같은 연구결과를 정당하게 인식하기에 충분하지 못한 몇 가지 이유가 있다.

첫째, 방종욱의 연구에서는 표본(31건)의 부족으로 인하여 ERP 도입의 공시효과를 일반화하기에는 어려움이 있다.

둘째, 애널리스트 등을 상대로 한 인터뷰 결과를 전체적인 연구결과로 인식하기에는 무리가 있다. 산업자원부가 '3만 개 중소기업 IT화 사업(2001 ~ 2002년)'을 통해 ERP 도입을 추진한 중소기업들에 따르면 'ERP 도입' 효과는 크지만 만족도는 낮은 것으로 분석되었다.

이와 같은 결과는 ERP 도입 그 자체가 부정적인 요인이 아니라 제품가격 및 서비스, 사후관리서비스, 사용자 설명서, 지침서 등에 따른 불만족 등으로 나타났다(전자신문, 2003, 6. 19). 따라서 투자자자들의 심리적인 측면을 전체적인 연구결과로 받아들이기에 다소 무리가 있다.

4. 이호근, 조동환, 전지현(2001)의 연구

이호근 등(2001)의 연구에서는 기업의 e-business 관련 발표가 주가에 미치는 영향을 살펴봄으로써 국내 기업의 Dot Com Effect를 실증 분석하였다. 또한 e-business 관련 발표가 주가에 미치는 영향의 정도가 증권거래소에 상장된 기업과 코스닥 시장에 등록된 기업에 따라 다르게 나타나는지, 그리고 e-business의 종류(인프라스트럭처, 애플리케이션, 인터미디어리, 커머스), 인터넷 사업의 종류(B2B · B2C), e-business 발표내용(공시내용)에 따라 다르게 나타나는지를 분석하였다.

공시 효과를 관찰하기 위한 사건 기간(event window)은 공시 발표일 전 5일부터 후 5일까지의 11일 동안을 설정하였다(t = −5, +5). 회귀계수를 추정하기 위한 기간(estimation window)은 45일간(t = −50, −6)

을 이용하였다. 이와 같이 추정기간을 45일로 적용한 이유는 e-business 분야의 기업은 최근에 상장된 벤처기업(venture business)이 많아 과거의 주가자료가 없는 경우가 많다는 제약이 있어, 미국의 선행연구에서 사용한 추정기간(estimation window) 45일을 적용하였다.

연구결과 기업의 e-business 발표에 대해 자본시장은 긍정적으로 반응하며, 이는 주가를 향상시키는 결과를 가져온다. 이러한 긍정적 효과는 증권거래소에 상장된 기업보다 코스닥 거래시장에 등록된 기업이 더 높게 나타났다. 거래소 기업을 레이어(인터넷 인프라스트럭처 Layer, 인터넷 애플리케이션 Layer, 인터넷 인터미디어리 Layer, 인터넷 커머스 Layer)로 구분했을 때, e-business 관련 발표에 기인하는 초과수익률은 인터넷 기업이 속한 레이어에 따라 다르게 나타났다. 이와 달리 코스닥 기업을 레이어로 구분하였을 때, e-business 관련 발표에 기인하는 초과수익률은 인터넷기업이 속한 레이어에 따라 다르게 나타난다고 볼 수 없었다. 증권거래소의 경우 e-business 관련 발표의 긍정적 효과는 B2C 기업이 B2B 기업보다 높은 것으로 나타났다. 증권거래소의 경우 e-business 관련 발표의 긍정적 효과가 B2B 기업이 B2C 기업보다 오히려 크게 나타났다. 증권거래소의 경우 e-business 관련 발표에 기인하는 초과수익률은 발표되는 공시의 범주에 따라 다르게 나타났다. 이에 비해 코스닥 시장의 경우에는 공시 범주에 따른 차이를 보이지 않았다.

연구결과, 국내기업이 인터넷 시장에 진입하거나 인터넷 사업을 확장할 경우, 이는 거래소나 코스닥 시장 모두에서 주가에 긍정적인 영향을 미치고 있음을 알 수 있다.

5. 나영, 장지인, 박문기(2001)의 연구

나영 등(2001)은 1998년 6월 이전에 ERP를 구축한 회사에 대한 전수조사를 실시하여(303개사), 이 가운데 1998년 6월 30일 이전에 ERP를 구축한 15개 회사를 표본으로 선정하였다. 측정방법으로는 유동성 지표 2개, 자본구조와 장기지급능력 9개, 수익성 지표 20개, 활동성 지표 13개, 성장성 지표 7개, 생산성 지표 9개 등 총 68개의 재무비율 변수를 사용하였다. ERP 구축회사의 성과를 측정하기 위해 ERP 구축 전후로 비교 하였으며, 비교 기간은 1년(제2방법), 2년(제3방법), 3년(제4방법)을 적용하였다.

실증분석 결과 ERP 구축으로 인하여 전체적으로 그 성과가 반감 되었고, 제2방법에서는 활동성, 수익성 순으로 악화 되었으며, 제3방법에서는 수익성, 활동성, 자본구조 순으로 악화되었다. 또한 제4방법에서는 수익성이 가장 악화되었다. 이에 대한 원인으로는 첫째, 막대한 ERP 구축비용에 있었으며 둘째, ERP 구축 후 기간이 IMF 영향으로 인해 기업의 활동이 위축되어 ERP 구축에 대한 효과가 반감된 것으로 나타났다.

ERP 구축 회사(표본기업)와 ERP 비구축 회사(통제기업)를 비교한 결과, 수익성 지표 1개, 활동성 지표 1개, 생산성 지표 1개 등 세 개의 변수가 악화되었고, 생산성 지표 1개, 경영성과 지표 1개 등 2개의 변수가 향상됨으로써 총 5개의 변수가 유의한 차이가 있는 것으로 나타났다. ERP 구축비용으로 인한 고정부채에 대한 이자비용으로 금융비용이 증가되어 수익성이 악화되었다. 활동성의 경우에도 유동부채가 증가되어 나타나는 일시적인 현상이라 할 수 있겠다. 제3방법에서는 수익성지표 2개, 경영성과 지표 1개 등 두 개의 변수가 악화되었고, 수익성 지표 1개, 생산성 지표 1개로서 3개의 변수가 향상됨으로써 총 6개의 변수가 유의한 차이가 있는 것으로 나타났다. 악화되고 있는 지표는 모두 금융비용과 관련이 있었으며, ERP 구축으로 인해 부채에 대한 이자비용이 2년 동안 수익성 지표와 경영성과 지표에 반영되고 있음을 알 수 있다.

ERP 구축으로 인하여 수익성(1인당 매출액), 활동성(자본금 회전율) 및 생산성(노동소득분배율)이 향상 되었다. 제 4방법에서는 활동성 지표 1개, 성장성 지표1개 등 두 개의 변수가 악화되었고, 활동성 지표에서 2개의 변수가 향상됨으로써 총 4개의 변수가 유의한 차이가 있는 것으로 나타났으며, ERP 구축 후 장기(3년)에 걸쳐 궁극적으로 활동성의 효과(매출채권 회전기간, 현금회전율)가 나타나고 있다는 것을 알 수 있다. 연구결과 ERP 구축으로 인한 단기효과(1년)는 생산성 및 경영성과로 나타났으며, 중기효과(2년)는 수익성, 활동성, 생산성이었으며, 장기효과(3년)는 활동성으로 나타났다.

나영 등(2000)의 연구에서는 다음과 같은 몇 가지 문제점들이 발견된다. 첫째, ERP 도입으로 인한 재무비율의 변화 정도로 ERP 도입의 성과를 측정하였지만, 비교 기간 동안 IMF 영향으로 인해 비교가능성이 저해된다. 둘째, 측정방법의 변수가 재무비율로만 국한되었다. 즉, 재무비율 변수 이외에 비재무적인 변수를 계량화하여 다양한 각도에서 ERP 구축으로 인한 효과를 검정함이 필요하였다. 이러한 측정만으로 ERP 도입의 공시효과를 설명하기에는 부족함이 있다고 사료된다. 셋째, 합성효과(compound effect)를 완전히 통제하지 못하였다. 즉, 비교기간을 통하여 ERP 구축으로 인한 효과를 측정하였으나, 이 기간 동안 기업에 우수인력이 대거 영입되어 인적자원이 향상되는 것과 같

은 부수적인 효과를 완전히 통제하지 못한 점과 표본(15)의 부족
으로 인하여 ERP 도입으로 인한 기업의 성과를 평가하는 데 무
리가 있다는 점이다.

6. 김창수(1997)의 연구

정보기술 사용은 고객 서비스 강화, 생산원가의 절감 그리고
타기업의 시장침투 방지 등 역할을 함으로써 기업의 경쟁력 강
화와 생산성 증대 등을 가져온다(Hammer and Champy, 1993 ; Elliot,
1992 ; Stambaugh and Carpenter, 1992 ; Hannan and McDowell, 1990).
그러나 정보기술 사용이 생산성 향상, 경쟁력 강화로 증가할 수
있는 주가와 어떠한 관계가 있는지를 조사한 연구는 소수에 지
나지 않는다(Hitt and Bryjolfsson, 1994; Morrison and Berndt, 1991;
Grove, Selto and Hanbery, 1990).

김창수(1997)는 기업의 정보기술(Information Technology : IT) 지
출이 그 기업의 경쟁력 강화나 생산성 향상 등과 같은 경영상의
노하우(know-how)를 창출하여 주가를 유의하게 증가시키고 있는
지를 조사하였다.

연구결과, 정보기술 지출과 회계연도 말 주가에 의하여 측정
한 기업의 시장가치와의 관계는 산업에 따라 상당한 차이를 보
였다. 전체 표본을 대상으로 할 때, 정보기술 지출과 기업의 시
장가치는 음(-)의 관계가 있는 것으로 나타났다. 그러나 통계적
유의수준은 10% 정도(단측검정)로 미약하였다. 음식료품, 화학
및 석유제품 제조업들로 구성된 산업군(SIC2)과 철강, 기계장치,
전자, 통신장비 및 자동차 제조업들로 구성된 산업군(SIC3)의 경
우, 정보기술 지출이 기업가치 증대에 긍정적인 영향을 미치는

것으로 나타났다. 정보기술이 기업경영의 핵심수단이라고 할 수 있는 운송, 에너지 및 통신서비스업들로 구성된 산업군(SIC4)의 경우, 정보기술 지출은 기업의 순가치와 정(+)의 관계를 보여 주었으며 1% 수준에서 통계적으로 유의했다.

 정보기술이 주가에 끼치는 영향이 업종에 따라 차이가 있는가를 분석하기 위하여 표본을 제조업 대 서비스업으로 분류하고 회귀분석을 실시한 결과, 제조업종에 속한 기업들의 정보기술 지출이 주가에 부정적인 영향을 끼치는 반면, 서비스 업종에서 사용된 정보기술은 주가에 긍정적인 영향을 끼치는 것으로 나타났다. 또한 표본 기업들이 사용한 정보기술의 도입 목적에 따라 원가절감 그룹과 고객 서비스 지원 그룹으로 구분하고 회귀분석을 실시하였다. 제약, 석유화학 및 기계장치 산업 등 산업재 생산업체들의 대부분은 원가절감 그룹에 속하였으며, 이들 그룹의 정보기술 지출은 판매비와 일반관리비를 절감하는 효과를 가지고 있으나 기업의 시장가치를 증대 시키지는 못하였다. 운송, 에너지, 통신회사와 같은 서비스 산업에 속한 기업들은 고객서비스 지원을 목적으로 정보기술을 사용하였다. 이들 고객 서비스 지원 그룹의 정보기술 지출은 기업의 순가치와 정(+)의 관계를 보였으며 5% 수준에서 통계적으로 유의함을 연구결과로 제시하였다. 연구결과 운송, 에너지 및 통신서비스 회사의 경우 정보기술 지출은 주가에 긍정적인 영향을 끼치는 것으로 나타났다. 이는 정보기술 지출이 미래의 경제적 효익(benefits)을 가지는 자본적 지출의 성격을 내포하고 있으며, 해당 산업의 주가 평가에 중요한 변수가 될 수 있다는 것을 제시하였다.

제3절 기존연구와 본 연구의 차이점

기존연구와 본 연구의 차이점은 다음과 같다. 방종욱(2000)의 연구에서는 ERP 도입의 공시효과를 보기 위하여 사건연구 방법을 사용하여 주가 변화를 분석하고, 애널리스트들과 면접을 통해 주가의 변화원인을 분석하였다. 하지만 방종욱 연구에서는 이전의 연구논문에서 다루었던 기업규모 · 재무 건전도(Atiase, 1985 ; Feroz and Wilson, 1992 ; Grant, 1980 ; Hayes et al. 2001) 등 시장반응을 설명하는 다양한 Contextual Factors를 고려하지 않았다는 것이다. 방종욱(2000)은 지금까지 단기적인 평가방법에서 벗어나 장기적인 측면에서 기업의 주가 반응을 통하여 ERP 도입에 따른 기업의 성과를 측정하였으나 표본수의 부족과 애널리스트들의 면접을 통해 주가의 변화 원인을 분석하는 등 주관적인 요소가 개입됨으로써 ERP 도입에 따른 공시효과를 설명하기에는 부족함이 있다고 사료된다.

나영 등(2000) 연구에서는 첫째, ERP 도입으로 인한 재무비율의 변화 정도로 ERP 도입의 성과를 측정하였지만 비교 기간 동안 IMF 영향으로 인해 비교가능성이 저해된다.

둘째, 측정방법의 변수가 재무비율로만 국한되었다. 즉, 재무비율 변수 이외에 비재무적인 변수를 계량화하여 다양한 각도에서 ERP 구축으로 인한 효과를 검정함이 필요하였다. 이러한 측정만으로 ERP 도입의 공시효과를 설명하기에는 부족함이 있다고 생각된다.

셋째, 합성효과(compound effect)를 완전히 통제하지 못하였다는 점이다.

김창수의 연구에서는 첫째, 기업이 스스로 창출한 무형자산의 대리치(proxy)로 연구개발비와 정보기술 지출액을 사용하였다.

기업이 창출한 무형자산은 독점적 권리나 지리적 여건 및 기타 요소에 의해서도 영향을 받는다. 따라서 김창수 연구에서 사용한 자료는 측정상의 오류 문제가 발생할 수도 있다.

둘째, 정보기술 지출의 투자효과는 투자한 기간에 즉시 나타날 수도 있지만 투자 당해 년도 이후에 장기적으로 나타날 수 있다는 것이다. 이는 본 연구결과가 투자자들이 기업의 정보기술 투자에 대한 장·단기 경제적 효과를 주식가격에 즉각적으로 반영한다는 효율적 시장가설에 의하여 어느 정도 정당화될 수는 있지만, 투자결과의 시차효과(time lag effect)를 무시할 수는 없다고 본다.

이와 같이 ERP 도입으로 인한 연구는 재무비율을 이용하여 단기적인 측면을 고려한 연구와 주식시장에서 주가의 움직임을 관찰함으로써 기업의 장기적인 측면을 고려한 연구로 나눌 수 있다. 그러나 대부분 연구들이 기업의 ERP 도입으로 인한 단기적인 성과에 초점을 맞춤으로서 ERP 도입으로 인한 장기적인 기업의 성과를 반영하지 못하였다.

이와 같은 내용을 고려하여, 본 연구에서는 Hayes 등(2001)의 연구방법을 이용하여 우리나라 주식시장에서 ERP 도입의 공시가 주식의 수익률에 어떠한 영향을 미치는가를 실증적으로 연구하고자 하였다. 이를 위하여 전체표본뿐만 아니라 기업규모, 재무 건전도, 공급업체(Vendor)의 유형, ERP 도입시점의 공시유형(구축 중·구축완료)에 따른 소표본에 대해서도 분석하였다. 또한 공시일 초과수익률을 설명하기 위해 기업의 누적평균초과수익률(CAR)을 종속변수로 하고 특성변수를 독립변수로 하는 회귀분석도 실시함으로써 ERP 도입의 공시효과와 관련, 우리나라의 투자자들은 어떤 변수에 호의적인 반응을 나타내는지를 살펴보았다.

제4장 연구의 설계

제1절 연구모형의 설계

1. ERP 도입 공시의 정보효과에 관한 변수

ERP 도입의 공시가 주가와 투자행태에 어떤 영향을 미치는가를 검토함에 있어, 본 연구에서는 사건연구 방법을 이용하였다.

사건연구는 재무관리와 관련된 실증연구에서 가장 많이 사용되는 전형적인 연구방법 중의 하나로 이 분야의 연구는 국내·외에서 배당, 주식분할 및 이익 공시, 유상증자, 합병공시, 증권발행을 포함한 기업공시 등과 같은 기업의 고유한 사건들(firm-specific events)이 해당기업의 주가에 미치는 영향을 평가하는 방법론이다. 즉, 특정기업에 발생한 사건이 그 기업 주가에 미치는 영향을 연구하는 방법으로서 사건 발생시점에 주식의 실제수익률이 균형기대수익률을 결정하는 모형으로부터 벗어난 정도를 의미한다. 사건연구는 Fama, Fisher, Jensen and Roll(1969)이 뉴욕증권거래소에서 주식분할 공시의 정보효과에 대한 분석을 통해 효율적 시장가설(Efficient Market Hypothesis : EMH)을 증명하는 데 사건연구 방법을 사용한 이후로, 사건연구 방법을 이용한 실증 연구가 활발히 이루어지고 있다. 사건연구에서 주요 관심사는 사건 전후로 발생하는 주가의 초과수익률(abnormal return)의 주식 성과측정에 있다.

사건연구에서 초과수익률 성과측정 모형에 대한 체계적인 연구는 Brown and Warner(1980, 1985)에 의해 이루어졌다. 그들은 시장모형(market model), 시장조정수익률모형(market adjusted returns model), 평균조정수익률모형(mean adjusted returns model)을 비교·분석하여 주식 성과 측정 시 발생할 수 있는 오류를 극소화하고 검정력을 높이는 모형을 찾고자 했다.

시장모형(market model)은 모든 주식의 수익률에 공통적으로 영향을 미치는 시장위험을 조정하여 정상수익률을 측정한다. 시장모형은 극단치의 영향이 발생할 수 있으며, 일별 수익률(daily return)을 사용하여 베타계수를 추정할 때, 표본기업의 주식과 시장지수 간 거래시점의 차이(non-synchronous trading)로 인해 측정오차의 문제가 있다(Scholes and Williams, 1977).

시장조정수익률모형(market adjusted returns model)은 주식의 사전적 기대 수익률이 주식 간에 동일하나, 각 주식의 수익률은 다를 수 있다는 가정 하에서 이용된다. 초과수익률은 관측 수익률(observed returns)과 예측 수익률로서 시장 수익률과의 차이를 말한다.

평균조정수익률모형은 각 주식의 기대 수익률이 일정한 상수 즉, 평균치에 접근한다고 가정하고 초과수익률은 관측 수익률(observed returns)과 예측 수익률 즉, 평균 수익률과의 차이를 말한다. 그러나 특정시점에 사건이 집중적으로 발생 시(clustering case) 초과수익률의 존재에 대한 판별력이 크게 떨어지는 단점이 있다(Brown and Warner, 1985).

본 연구에서는 표본기업의 일간 수익률 자료를 검사한 결과, 한국종합주가지수를 동일가중의 시장지수로 선택한 시장조정수익률모형을 이용하여 초과수익률을 계산하는 것이 바람직하다고 판단되었다. ERP 도입의 공시일을 사건일($t = 0$)로 하여 $t = -30$일부터 $t = +30$일까지 61일 동안의 초과수익률을 다음과 같이 계산하였다.

$$ARit = Ri - Rm, t$$

Ri, t : ERP 도입 공시 주식 i의 t일의 수익률

Rm, t : t일의 종합주가지수의 수익률

N개의 ERP 도입 공시 기업표본에 대해 일별평균초과수익률(Average Abnormal Return : AAR)을 아래와 같이 계산하였다.

$$AAR_{i,t} = \sum_{i=1}^{N} AR_{i,t} / N$$

t1에서 t2까지의 누적평균초과수익률(Cumulative Abnormal Return : CAR)은 아래식처럼 해당기간 동안의 일별초과수익률을 합하여 계산하였다.

$$CAR_{t1,t2} = \sum_{t1}^{t2} AR_t$$

2. 초과수익률 크기와 방향을 결정짓는 검증모형

ERP 도입의 공시가 주식의 초과수익률에 미치는 영향이 기업의 특성에 따라 다를 수 있으므로 본 연구에서는 기업의 어떤 특성이 공시일 초과수익률을 결정하는지 알아보기 위하여 T-test, ANOVA 분석, 다중회귀분석(multiple regression analysis)을 이용하였다. 다중회귀분석식에서 종속변수로는 CAR를 사용하였으며, 초과수익률의 크기와 방향을 결정하는 독립변수는 기업규모를 나타내는 총자산(LNASSETS), 그리고 공시일 초과수익률과 관련이 있을 것으로 판단되는 기업의 재무 건전도(HTH), 공급업체의 유형(VEND), ERP 도

입시점의 공시유형(COMP)을 더미변수로 사용하였다.

$$CARi = \beta_0 + \beta_1 LNASSET + \beta_2 HTH + \beta_3 VEND + \beta_4 COMP$$

- CAR : 2일간(0, +1)의 누적평균초과수익률
- LNASSET : 총자산(ASSET)에 자연로그를 취한 값
- HTH : 재무 건전도(Healthy · Unhealthy)
  - 표본이 상위그룹(Healthy) 기업인 경우 1의 값을 갖는 더미변수,
  - 표본이 하위그룹(Unhealthy) 기업의 경우 0의 값을 갖는 더미변수
- VEND : 공급업체의 유형(대형공급업체 · 소형공급업체)
  - 대형공급업체로 선정한 기업일 경우 1의 값을 갖는 더미변수
  - 소형공급업체를 선정한 기업의 경우 0의 값을 갖는 더미변수
- COMP : ERP 도입의 공시유형(구축완료 · 구축 중)
  - ERP 도입의 유형이 [구축완료] 기업일 경우 1의 값을 갖는 더미변수
  - ERP 도입의 유형이 [구축 중] 기업의 경우 0의 값을 가지는 더미변수

(1) 기업규모

기업규모는 총자산(LNASSETS)의 중앙값(median)을 구하여 이 값보다 큰 표본을 Large 기업, 작은 표본을 Small 기업으로 분류하였다. 기업규모가 클수록 증권시장에서 투자자들은 그 기업은 물론, 그 기업이 속한 산업에 관한 정보를 수집 · 정리하게 된다. 언론기관도 이러한 정보를 기사로 취급하기 때문에 규모가 큰 기업의 경영정보는 규모가 작은 기업보다 투자자에게 널리 전달

된다. 이는 투자자들이 규모가 큰 기업의 경영정보를 공시 전에 미리 알고 있을 확률이 상대적으로 크다는 것을 의미한다.

따라서 규모가 큰 기업이 특정 정보를 공시할 때, 그 정보는 투자자에게 큰 뉴스로 작용하지 않게 되므로 주가의 움직임이 작아진다. 그 결과 주식의 초과수익률은 작은 값을 갖게 된다. 본 연구에서는 기업규모를 ERP 도입을 공시한 직전년도 말 총 자산액을 로그값으로 환산하여 측정하였다.

(2) 기업의 재무 건전도(Healthy · Unhealthy)

ERP를 도입한 기업의 경우 상당기간 과도한 비용이 발생되며 (Cooke and Peterson, 1998), ERP 도입의 결과로 기업이 효익을 인식하기까지 오랜 시간이 소요 되므로(Davenport, 2000 ; Stedman, 1999 ; Wah, 2000), 재무건전 기업은 재무불건전 기업에 비하여 재무적 위기를 쉽게 극복할 수 있을 것이다. 그 결과 재무불건전 기업의 주식의 초과수익률은 작은 값을 갖게 될 것이다. 본 연구에서는 기업의 재무 건전도를 한국신용평가정보㈜의 Moody's RiskCalc For private Companies : Korea의 부도확률예측 모형의 방법론을 이용하여, 중앙값(median)을 구하여, 이 값보다 큰 표본을 재무건전(Healthy) 기업, 작은 표본을 재무불건전(Unhealthy) 기업으로 분류하였다.

(3) 공급업체 유형(Vendor)

Balver(1988)은 우수한 회계감사자들로(Higher quality auditors) 구성된 조직이나 주식공개상장 시 계약인수 및 지급심사자의 Quality에 따라 주식시장의 반응이 다르게 나타남을 연구결과로 제시하였다. 이와 같은 연구결과를 비교하여 볼 때, 시장점유율이 높은 ERP 공급업체가 ERP 도입을 공시하는 경우, 시장점유율이 낮은 ERP 공급업체가 ERP 도입을 공시할 경우보다 더욱 큰 주가반응이 발생할 것이다. 본 연구에서는 공급업체 유형에 따른 정보효과를 검증하기 위하여 ERP 도입을 공시한 기업을 시장점유율을 기준으로 대형공급업체와 소형공급업체로 분류하였다.

대형공급업체는 SAP, Oracle, LG CNS, 대림I&S, SK C/C, SSA/BPCS을 포함하였고 나머지 공급업체는 모두 소형공급업체로 분류하였다.

(4) ERP 도입시점 공시유형(구축 중 · 구축완료)

본 연구에서는 선행 연구결과를 토대로 ERP 도입시점의 공시유형이 주가에 어떤 영향을 미치는가를 조사하기 위하여 ERP 공시 내용을 [구축완료]와 [구축 중]으로 분류하였다. 공시유형을 분류함에 있어서 ERP 도입 공시 시 'ERP 프로젝트 수주 · 도입 계약체결 · 구축 중'으로 공시된 기업들은 [구축 중] 기업에 모두 포함하였다.

제2절 연구가설의 설정

본 연구는 우리나라 주식시장에서 ERP 도입의 공시가 주식의 수익률에 어떤 영향을 미치는가를 알아보기 위하여 Hayes 등

(2001)의 연구방법을 이용하여 다음과 같은 가설을 검증함으로써 ERP 도입의 공시에 따른 정보효과를 분석하였다.

1. ERP 도입의 공시에 따른 정보효과

증권시장에서 회계정보가 매우 중요한 정보 중의 하나로 인식됨에 따라 전통적으로 회계정보는 기업가치를 평가하는 데 사용될 수 있는 유용한 측정치로 여겨져 왔다. 회계정보와 주가변동의 상관관계를 검증하는 연구에서 회계정보가 언제 투자자에게 알려지게 되는지를 식별하면 회계정보가 투자자에게 공시되는 시점의 주가 움직임을 파악할 수 있다.

회계정보가 공시되는 시점의 주가 움직임을 검증하는 것은 회계정보의 공시가 주식시장에 정보를 전달하는가(convey information)를 검증하는 것이다. 따라서 기업의 가치에 대한 평가가 반영되는 주가의 움직임과 회계정보 사이에 유의적인 관련성이 있을 것으로 믿어져 왔다. 이러한 관점에서 회계정보가 정보내용을 보유하고 있다면 회계보고가 이루어진 시점에서 그 정보를 받은 사람들은 그것을 어떠한 형태로든지 이용할 것이다. 그렇게 되면 정보내용을 가진 회계정보는 어떤 행동을 유발시킬 것이며 그러한 행동은 주가와 거래량 등의 움직임에 반영될 것이다.

효율적 시장가설(Efficient Market Hypothesis : EMH)은 모든 이용 가능한 정보가 주가에 신속하고 완전히 반영되며, 투자가들이 기업의 회계자료로부터 진정한 현금흐름을 정확히 파악하여 미래 현금흐름의 확률분포를 오차 없이 평가한 것처럼 주가가 형성된다고 주장 한다. 효율적 시장 하에서 투자자들이 기업이 공표하는 어떤 조치가 미래 현금흐름에 영향을 미친다고 하면, 그

것은 곧 그 회사의 시장가치에 반영된다. 즉, 효율적 시장가설 하에서 거래된 주가가 모든 이용 가능한 정보를 완전히 반영하며 새로운 정보에 대하여 동시적이고 불편적인 형태로 반영한다.

[가설 1]은 ERP 도입의 공시에 따른 정보효과를 검증하기 위한 가설이다. 즉, 투자자들이 ERP 도입의 공시에 대해서 사전적으로 긍정적인 사건으로 받아들이고 있는지 또는 부정적인 사건으로 받아들이고 있는지를 검증하기 위한 것이다.

만약, ERP 도입으로 인해 업무효율화, BPR의 실천, 신속하고 정확한 경영지표 정보획득, 아웃소싱(Outsourcing)을 통한 정보시스템의 비용절감, 통합 데이터베이스로 인한 비용절감, 관리수준의 향상, 최종사용자의 자유로운 정보활용, 통합정보시스템으로 인한 신속한 고객대응 등으로 인해 기업의 미래현금 흐름이 증대된다면, 효율적 시장 하에서 ERP 도입의 공시는 통계적으로 유의한 양(+)의 초과수익률을 나타낼 것이다. 반면, ERP 도입은 막대한 구축비용으로 인하여 금융비용이 증가되어 기업의 재무구조를 악화시켜 도입의 효과를 상실할 수도 있을 것이다.

나영 등(2000)은 "ERP 구축에 따른 기업의 성과 측정" 연구에서 기업들은 ERP 구축 비용을 고정부채로 조달하고 있으며, 이로 인해 차입금 의존도가 높아져 기업의 자금사정을 더욱 악화시키고 있다고 하였다. 이로 인하여 ERP 도입에 소요되는 과도한 비용은 재무구조 악화와 같은 기업의 재무적 부담을 증가시키지만, 기대되는 수익은 이런 재무적 비용의 증가를 상계하지 못한다. 따라서 이러한 요인으로 인해 기업가치가 하락할 가능성도 존재한다.

이와 같은 연구결과에 따르면 ERP 도입의 공시는 기업의 가치에 긍정적 효과와 부정적 효과를 줄 수도 있기 때문에 주식초과수익률에 미치는 효과를 특정한 방향으로 설정하지 않았다.

이러한 점을 검증하기 위하여 다음과 같은 가설을 설정하였다. 다음 가설은 귀무가설이 아니라 대립가설로 기술되었다.

[가설 1] ERP 도입의 공시는 주식초과수익률에 경제적인 정보
효과가 있다.

2. 기업규모와 재무 건전도에 따른 정보효과

[가설 2]는 기업규모와 재무 건전도에 따라 ERP 도입의 공시가 주가에 어떤 영향을 미치는가를 검증하기 위한 가설이다. 일반적으로 규모가 큰 기업일수록 규모가 작은 기업에 비해 풍부한 인력이나 자금력을 가지고 있으며, 조직구조나 기능면에서 훨씬 잘 개발되어 있을 뿐 아니라, 정보시스템 개발이나 운영 및 관리에 관해서도 기술적 전문성을 보유하고 있다. 그러므로 기업규모의 차이는 조직 내에서 정보시스템의 이용 특성에 차이를 유발하며 이러한 특성의 차이는 시스템의 성패에 영향을 미치게 된다(DeLone, 1981, 1998 ; Raymond, 1985).

Bacharach and Aiken(1976)은 기업규모가 의사결정의 영향 정도와 상관관계가 있으며, 기업규모는 의사결정의 영향 정도에 차이를 보인다는 결과를 제시하였다. Lind 등(1989)은 대규모 기업은 업무수행 활동이 느리고 변화에 대해 저항을 하는 것은 물론, 정보의 공유, 위험감수 및 혁신활동에 있어서 관료적 조직구조를 가지고 있다고 하였다. 반면, 소규모 기업은 필요한 업무 기능들이 비공식적 구조에서 수행되는 것처럼 단순한 조직구조를 가지고 있어 혁신 수행과정이 매우 단순하다고 하였다.

Eindor and Segev(1978,1982)는 기업규모가 정보시스템의 성공에 영향을 미친다고 주장하였다. Raymond(1985)와 Gremillion(1984)는 중소기업을 대상으로 실시한 연구에서 조직규모는 정보시스템의 성공과 직접적인 관련이 없는 것으로 나타났으나, 또 다른 연구에서 Raymond(1990)는 조직의 규모가 정보시스템의 복잡성과 중요한 관계를 가지고 있다는 가설을 증명하였다. Kwon(1990)은 기업규모는 정보시스템의 성숙도를 통하여 간접적으로 정보기술의 주입(infusion) 정도를 증가시킨다고 하였고, Premkumar and King(1994)은 기업규모가 시스템의 효과성에는 그다지 영향을 미치지 않는다고 하였다. Grover and Goslar(1993)는 통신기술의 도입과 적용 및 운영과 관련하여 대규모 기업은 충분한 운영자원으로 인해 긍정적인 관계를 가질 것으로 기대하였으나, 기업규모와 무관하게 모두 긍정적인 관계를 갖지 않는 것으로 밝혀졌다.

Atiase(1985, 1987)의 연구에 따르면, 규모가 상대적으로 큰 기업들은 상대적으로 작은 기업에 비하여, 일반적으로 그 기업에 대하여 더 많은 수의 이해관계자들이 존재하게 된다. 이에 따라서 그 기업에 대하여 사회적·경제적 관심도가 더 높을 것이다. 따라서 기업이익정보를 발표하기 이전에도 많은 주식 및 채권투자자, 재무분석가, 금융연구소, 그리고 경제 미디어(media) 등 이해관계자 혹은 기관에서 그 기업에 대한 영업성과분석을 하고, 미래의 주식가격을 예측 하므로, 실제로 기업이익정보가 발표되기 이전에도, 이에 대한 상당한 정보를 일반투자자들이 가지고 있을 것이다. 따라서 규모가 큰 기업이 특정 정보를 공시할 때, 그 정보는 투자자들에게 큰 뉴스로 작용하지 않게 되므로 주가의 움직임이 작아진다. 그 결과 주식의 초과수익률은 작은 값을 갖게 된다.

이에 반하여, 기업규모가 상대적으로 작은 기업에서는 상대적으로 더 적은 이해관계자들이 존재하며, 그 기업에 대하여 사회적 혹은 경제적 관심도가 더 작을 것이다. 따라서 실제로 기업이익이 발표되기 이전에는 일반투자자들이 이에 대하여 상대적으로 적은 정보를 가지고 있을 것이다. 따라서 규모가 작은 기업에서 실제로 기업이익을 발표할 때, 상대적으로 더 큰 영향을 주식 가격에 미칠 것이다. 다른 측면으로는 ERP를 도입한 기업의 경우 상당기간 과도한 비용이 발생되며(Cooke and Peterson, 1998), ERP 도입의 결과로 기업이 효익을 인식하기까지 오랜 시간이 소요 되므로(Davenport, 2000; Stedman, 1999 ; Wah, 2000) 재무건전 기업은 재무불건전 기업에 비하여 재무적 위기를 쉽게 극복할 수 있을 것이다. 이와 같이 기업규모에 대하여 상반된 주장이 있으므로 이러한 점을 확인하기 위하여 다음과 같은 가설을 설정하였다.

[가설 2] ERP 도입의 공시효과는 기업규모에 따라 다르다.
[가설 3] ERP 도입의 공시효과는 기업의 재무 건전도에 따라 다르다.
[가설 4] 기업의 주식초과수익률에 미치는 ERP 도입의 공시효과는
　　　　　기업규모와 재무 건전도의 상호효과에 따라 다르다.

3. 공급업체(Vendor) 유형에 따른 정보효과

[가설 5]는 ERP 도입의 공시가 공급업체(Vendor)의 유형에 따라 주가에 어떤 영향을 미치는가를 검증하기 위한 가설이다.
Balver(1988)는 우수한 회계감사자들로(Higher quality auditors) 구성된 조직이나 주식공개상장 시 계약인수 및 지급심사자의 Quality에 따라 주식시장의 반응이 다르게 나타남을 연구결과로

제시하였다. 이와 같은 연구를 바탕으로 본 연구에서는 시장점유율이 높은 ERP 공급업체가 ERP 도입을 공시하는 경우, 시장점유율이 낮은 ERP 공급업체가 ERP 도입을 공시할 경우보다 더욱 유의적인 주가반응이 발생할 것으로 기대한다. 공급업체 유형에 따른 정보효과를 검증하기 위하여 ERP 공급업체를 시장점유율을 중심으로 대형공급업체와 소형공급업체로 분류하였다. 이러한 점을 확인하기 위하여 다음과 같은 가설을 설정하였다.

[가설 5] 기업의 주식초과수익률에 미치는 ERP 도입의 공시효과는 ERP 공급업체의 크기에 따라 다르다.

4. ERP 도입시점 공시유형(구축 중 · 구축완료)에 따른 정보효과

공시(Disclosure)란 기업 내용을 이해관계자에게 알리는 것이다. 법률적으로 공시제도는 기업으로 하여금 이해관계자(주주, 채권자, 투자자 등)를 위해서 해당 기업의 재무내용 등 권리행사나 투자판단에 필요한 자료를 알리도록 의무를 부과하는 제도이다. 공시에 의하여 주요 기업정보가 공시됨으로써 투자자의 합리적 투자판단이 이루어지고, 투자자는 합리적 투자 결정을 내릴 수 있다.

[가설 6]은 ERP 도입시점 공시유형이 주가에 어떤 영향을 미치는가를 검증하기 위한 가설이다. 조지호 · 김용현(1996)은 "고정자산 매각공시가 주가에 미치는 영향"에서 1987년 ~ 1994년의 8년간에 걸쳐 105개 기업에 대해 조사한 결과 매각공시 당일에 뚜렷한 양(+)의 초과수익률이 있었으며, 고정자산 매각에 따른 투자자들의 반응은 시장국면별, 매각차익별, 매각동기별 유형에

따라 투자자들이 주식시장에서 다르게 반응한다는 사실을 보여주었다. 이는 매각동기에 따라 주가가 향상되리라는 투자자들의 기대감을 반영하는 것이라고 하겠다.

이호근 등(2001)은 'e-business가 기업의 시장 가치에 미치는 영향에 대한 분석'에서 공시 범주별 초과수익률의 차이가 나타나는가를 조사하였다. 공시 범주별 형태는 기업 간 제휴를 통해 사업을 확장하는 공시, 비인터넷 기업이 e-business로 사업을 확장하는 공시 범주(e-transformation), 기존의 인터넷 기업이 사업을 확장하는 공시로 분류 하였다. 연구결과 증권거래소의 경우 e-business 관련 발표에 기인하는 초과수익률은 발표되는 공시의 범주에 따라 다르게 나타났다. 이에 비해 코스닥 시장의 경우에는 공시 범주에 따른 차이를 보이지 않음을 연구결과로 제시하였다. 이와 같은 현상들을 통하여 ERP 도입 역시 투자자들이 상이한 반응을 나타낼 것이라고 사료된다.

왜냐하면 ERP 구축은 계약시점부터 구축을 완료하기 까지 상당한 시간을 요하는 것이 일반적이기 때문이며, ERP 도입으로 인한 효율을 인식하기에는 평균적으로 2 ~ 3년 정도가 소요된다. ERP 구축완료는 이러한 장기 프로젝트를 성공적으로 수행한 것으로 투자자들이 인식하게 된다. 그러므로 ERP 구축완료 공시는 계약시점의 공시효과와는 달리 또다른 시장의 평가가 일어날 것이 예상된다. 예상되는 반응은 구축완료 기업의 경우보다 긍정적인 반응이 일어날 것이다.

본 연구에서는 이와 같은 연구결과를 토대로 ERP 도입시점의 공시유형이 주가에 어떤 영향을 미치는가를 조사하기 위하여 ERP 공시 내용을 [구축완료]와 [구축 중]으로 분류하여, ERP 도입시점의 공시유형에 따른 주가변화를 살펴보았다. ERP 도입시점 공시유형을 분류함에 있어서 [구축 중] 기업은 ERP 프로젝트 수주 · 도입계약체결 · 구축중인 기업을 모두 포함시켜 다음과 같은 가설을 설정하였다.

[가설 6] 구축완료 기업이 구축 중 기업의 초과수익률 보다 크다.

제3절 표본기업의 선정 및 자료수집

1. 표본기업의 선정

본 연구에서는 1996년 1월 1일부터 2003년 8월 31일까지 ERP 프로젝트 수주 · 도입계약체결 · 구축 중 · 구축완료를 공시한 총 254건을 표본으로 선정하였다. 표본기업의 선정을 위하여 ERP 도입의 공시 기업과 공시 내용은 매일경제신문, 한국경제신문, 전자신문 등 일간지의 검색서비스를 활용하여 ERP, 전사적 자원관리, SAP, ORACLE, 소프트파워, 지앤텍, 삼성SDS, LG CNS, 한국기업전산원, JDE, 대림정보통신, 뉴소프트기술, 영림원, 코인텍, 더존 디지털웨어 등 검색어로 자료를 검색하였다. 본 연구의 분석대상에 포함된 기업은 다음과 같은 기준에 의하여 선정되었다.

① 1996년 1월 1일부터 2003년 8월 31일까지 ERP 프로젝트 수주 · 도입계약체결 · 구축 중 · 구축완료를 공시한 기업.

② ERP 도입 공시일(t = 0)을 중심으로 −30일부터 +30일까지 61일 동안, 일별 수익률(daily stock returns)의 자료가 있을 것.

③ 1996년 1월 1일부터 2003년 8월 31일 사이에 ERP 프로젝트 수주·도입계약체결·구축 중·구축완료를 2회 이상 공시한 기업 중, 두 번째 이후 ERP 공시는 표본에서 제외할 것.

④ ERP 도입 공시일이 포함된 연도를 중심으로 공시일 전년도 결산보고서와 공시 당해 년도 결산보고서에서 재무적 특성을 위한 재무자료를 산출할 수 있는 기업일 것.

⑤ ERP 도입 공시시점을 기준으로 일정기간(공시일 전후 2개월) 관리대상으로 지정된 기업은 제외할 것.

⑥ 사건 기간(공시일 기준으로) 동안 유상증자, 배당의 공표, 합병 등의 사유가 발생한 기업이나 금융업종을 제외한 12월 결산 상장법인.

선정기준 ⑥에서 금융업종을 제외한 이유는 이들이 다른 업종과 재무제표의 내용이나 성격이 상이하여 표본의 동질성을 저해할 우려가 있기 때문이며, 12월 결산법인에 한정한 것은 결산시기가 달라지면 이에 따라 발표되는 정보의 보고 환경이 달라져서 주가반응이 영향을 받을 수 있기 때문이다. 본 연구에 사용된 표본기업의 주가수익률 자료는 한국신용평가㈜의 KIS-SMAT과 KIS-FAS 등을 통하여 수집하였다. 이상과 같은 선정기준에 따라 선정된 표본은 254건이었다. 이 가운데 2회 이상 ERP 도입을 공시한 24건, 자료를 구할 수 없는 기업은 178건 이다.

<표 6> 표본기업의 추출과정

구 분	표 본 수
1) 최초 표본	254
2) 2회 이상 공시 기업	24
3) 자료를 구할 수 없는 기업	178

표본 선정기준에 따라서 52개 기업이 분석대상이 되었다(표 7). 이 가운데 프로젝트 수주 기업은 삼양사, 대한제당, 웅진코웨이, 동원 F&B, 호남석유화학, 태양금속공업이며, 공급업체 선정기업은 포스코, 한진중공업, 현대자동차, 동부제강, 삼성에스디아이 등 8개사 이다. 포스코 기업을 'ERP 공급업체 선정' 집단에 포함한 것은 표본선정 기준에서 설명한 것과 같이 ERP 도입과 관련, 신문지상에 처음 공시한 내용을 표본으로 선정하였기 때문이다. 구축완료 기업은 한독약품, 대림산업, 한화석유화학, SK텔레콤, 현대산업개발, 한국타이어, 센추리, 효성, 신성이엔지, 현대건설, 한라공조, 세방전지, 벽산건설 등이 포함되었다.

<표 7> 최종표본의 ERP 공시내용 분류

구 분	표 본 수
ERP 프로젝트 수주	8
ERP 공급업체 선정	4
ERP 도입계약 체결	19
ERP 구축 중	6
ERP 구축 완료	13
기타(infrastructure 투자확대, 통합시기 조정)	2
최종표본	52

2. 표본기업의 업종별 분포도

<표 8>은 ERP 도입의 공시와 관련, 표본기업의 업종별 분포도이다. 본 연구에 선정된 표본기업들은 특정산업에 치우치지 않고 금융업을 제외한 모든 산업에 분포되어 있으나, 산업별로 구분하여 보면 특정산업에 치우쳐 있음을 볼 수 있다. 특히 화학

물 및 화학제품과 음식료품·제조업이 상당부분을 차지하고 있음을 볼 수 있다.

<표 **8**> 표본기업의 업종별 분포도

업 종	표본수	기 업 명
음·식료품 제조업	9	동원F&B, 제일제당(CJ), 대한제당, 선진, 삼양사, 롯데제과, 농심, 풀무원, 두산
펄프, 종이 및 종이제품	2	한국제지, 세림제지
코크스, 석유 정제품 및 핵 원료	1	SK
화합물 및 화학제품	14	한화석유화학, 호남석유화학, 유한양행, 광동제약, 동신제약, 한독약품, 동부한농화학, 태평양, 한국화장품, 코오롱, 태광산업, 효성, LG화학, LG생활건강
고무 및 플라스틱제품	1	한국타이어
비금속광물제품	1	조선내화
제1차 금속산업	3	포스코, 동부제강, 풍산
기타기계 및 장비	2	센추리, 신성이엔지, 웅진코웨이
기타전기기계 및 전기변환장치	2	LG산전, 세방전지
전자부품영상음향 및 통신장비	4	유양정보통신, 삼성SDI, 삼성전자, 삼성전기
자동차 및 트레일러	3	현대자동차, 화신, 한라공조
기타 운송장비	1	한진중공업
가구 및 기타 제품	1	에넥스
종합 건설업	4	현대건설, 대림산업, 현대산업개발, 벽산건설
전기, 가스 및 증기업	1	LG Caltex 가스
통신업	2	데이콤, SK 텔레콤
계	52	

<표 9>는 ERP 공급업체(Vendor) 분포 빈도수를 나타낸 것이다.

SAP과 Oracle이 대다수를 차지하는 모습을 보여주고 있다. 이 가운데 Oracle을 공급업체로 선정한 기업은 풀무원, LG산전, 한국화장품, 한국제지, 한화석유화학, 삼성전자, 삼성전기, 효성, 세방전지, 현대자동차, 동부제강이며, SAP을 공급업체로 선정한 기업은 농심, 태평양, 삼성에스디아이, 한독약품, 데이콤, SK텔레콤, SK, 에넥스, LG화학, 대한제당, 현대산업개발, CJ, 풍산, 한국타이어, 코오롱, 한라공조, 동원F&B 이다.

대림 I&S 공급업체를 선정한 기업은 벽산건설과 대림산업이었고, SK C&C 공급업체를 선정한 기업은 동신제약과 광동제약이었다. SSA/BPCS는 화신과 선진기업이었다. LG CNS 공급업체를 선정한 기업은 LG-caltex가스 이다.

<표 9> ERP 공급업체(vendor)의 분포 빈도

구 분	도입기업
뉴소프트 기술	1
대림 I&S	2
소프트파워	1
지엔텍	1
코인텍	1
토인비	1
신성이엔지	1
한국기업전산원	2
JDE	3
LG CNS	1
Oracle	11
SAP	17
SK C&C	2
SSA/BPCS	2
기 타	6
Total	52

3. 기업규모별 공급업체(vendor)

기업규모별 공급업체(vendor)에서 L·H는 기업규모가 크고(Large)·재무건전(Healthy) 기업을 의미하고, L·UH는 기업규모가 크고(Large)·재무불건전(Unhealthy) 기업을 나타낸다. S·H는 기업규모가 작고(Small)·재무건전(Healthy) 기업을 나타내며, S·UH는 기업규모가 작고(Small)·재무불건전(Unhealthy) 기업을 나타낸다.

<표 10> 기업규모별 공급업체(vendor)

공급업체 (Vendor)	표본기업의 규모(*1)와 재무 건전도(**2)			
	L·H	L·UH	S·H	S·UH
뉴소프트기술		1		
대림 I&S		1		1
소프트파워			1	
지엔텍	1			
코인텍	1			
토인비	1			
신성이엔지	1			
한국기업전산원	1		1	
J D E	1	2		
LG CNS			1	
Oracle	1	6	2	2
SAP		7	7	3
SK C&C			2	
SSA/BPCS			2	
기 타	1	1	2	2
Total	8	18	18	8

주) *1) 총자산의 중앙값(median)을 기준으로 기업을 Large · Small로 구분.
    **2) 한국신용평가정보㈜의 알트만(Altman)의 Z - scores에 의한 분류
    (Moody's RiskCalc For private for Companies : Korea의 부도확률예측 모형)

$$Z = 0.717(순운전자본) + 0.847(이익잉여금) + 3.107(법인세비용차감$$
$$전순이익/총자산) + 0.420*(Net\ Worth/총부채) + 0.998*(매출/총자산)$$

기존의 연구에서 기업규모를 나타내는 변수로 순매출(Zmijewski and Hangerman, 1988), 총종업원수(최종서, 1990), 매출액(Zimmerman, 1983 ; 황인태, 1996) 등을 사용하였다. 본 연구에서는 총자산(자연로그 취함)을 기준으로 중앙값(median)을 구하여, 이 값보다 큰 표본을 Large 기업, 작은 표본을 Small 기업으로 분류하였다.

Hayes 등(2001)은 기업의 재무 건전도를 알트만(Altman)의 Z-scores를 이용한 결과, Z값이 2.99보다 크면 재무건전 기업으로 분류하였고, Z값이 2.99보다 작거나 같을 경우에는 재무불건전 기업으로 분류하였다.

본 연구에서는 기업의 재무 건전도에 따른 주가반응을 보기 위하여 우리나라의 기업구조 및 기업환경을 고려하여 작성된 한국신용평가정보㈜의 알트만의 Z-scores에 의한 분류(Moody's RiskCalc For private Companies : Korea의 부도확률예측 모형의 방법론)방법에 의하여 표본기업의 중앙값(median)을 구하여, 이 값보다 큰 표본을 재무건전(Healthy) 기업, 작은 표본을 재무불건전(Unhealthy) 기업으로 분류하였다.

제5장 실증분석 결과

제1절 연구변수의 기술적 통계분석

<표 11>은 1996년 1월 1일부터 2003년 8월 31일까지 ERP 도입의 공시일 전후(t = −30, +30) 기간 동안 ERP 도입 공시 기업과 관련된 자산(ASSETS), 재무 건전도 측정치(Z값), 초과수익률(AR), 누적평균초과수익률(CAR)에 대한 기술통계량을 요약한 것이다. 기업의 규모를 나타내는 변수(LNASSET)는 ERP 도입을 공시한 직전 년도 말 총자산액을 로그값으로 환산하여 측정하였으며, 재무 건전도(Z-scores)는 한국신용평가정보㈜의 Moody's RiskCalc For private Companies : Korea의 부도확률예측 모형의 방법론을 이용하여 산정하였다. ERP 도입의 공시일 전후(t = −30, +30) 기간 초과수익률(AR)의 평균은 양(+)의 값을 나타내고 있으나 누적평균초과수익률(CAR)는 음(-)의 값을 갖는 것으로 나타났다.

<표 11> 기술적 통계분석

Variable	Mean	Std. Dev	Minimum	Maximum
ASSETS	2,605,322,682	4,475,593,890	55,762,826	19,632,846,000
LNASSETS	20.5733189	1.5611029	17.8359722	23.7004698
Z-scores	1.5909887	1.1834261	0.2348028	8.5940862
AR	0.0012071	0.0446681	-0.092810	0.1875140
CAR	-0.0295139	0.2190410	-0.5278670	0.6661630

* n = 52,   *ASSETS : 총자산
* LNASSETS(총자산에 로그를 취한 값)
* Z-scores : 한국신용평가정보㈜의 Moody's RiskCalc For private Companies: Korea의 부도확률예측 모형의 방법론을 이용한 알트만(Altman)의 Z - Scores.
* AR : Abnormal Return   *CAR : Cumulative Abnormal Return

제2절 연구가설의 검증

1. 전체표본에 대한 주식초과수익률에 대한 분석결과 [가설 1]

<표 12> ERP 도입 공시 전후 초과수익률(n = 52)

T	AAR	t	CAR	T	AAR	t	CAR
-30	-0.00141	0.7723	-0.00141	0	0.001207	0.8463	-0.02742
-29	0.000404	0.9265	-0.00101	1	-0.00409	0.5015	-0.03151
-28	-0.00767	0.045	-0.00868	2	-0.00472	0.2842	-0.03623
-27	0.00465	0.3872	-0.00403	3	0.00369	0.4937	-0.03254
-26	-0.00174	0.723	-0.00577	4	-0.00343	0.4506	-0.03596
-25	0.007136	0.188	0.001362	5	0.014959	0.0037***	-0.021
-24	0.000462	0.9284	0.001824	6	0.001609	0.7838	-0.01939
-23	0.005247	0.3055	0.007071	7	-0.00035	0.9379	-0.01975
-22	-0.00589	0.2074	0.001182	8	-0.00504	0.1935	-0.02479
-21	-0.00544	0.2393	-0.00426	9	0.003643	0.4054	-0.02114
-20	-0.00236	0.5743	-0.00662	10	0.008135	0.0651*	-0.01301
-19	-0.0058	0.2326	-0.01241	11	-0.00288	0.3899	-0.01589
-18	-0.00424	0.2061	-0.01665	12	-0.00928	0.0108**	-0.02517
-17	0.003727	0.383	-0.01292	13	-0.00091	0.8538	-0.02608
-16	-0.00684	0.1278	-0.01976	14	0.00125	0.8296	-0.02483
-15	-0.00697	0.1307	-0.02672	15	0.00101	0.867	-0.02382
-14	0.001605	0.7012	-0.02512	16	-0.00232	0.5697	-0.02614
-13	-0.00072	0.8928	-0.02584	17	0.010614	0.0418**	-0.01553
-12	-0.00233	0.6503	-0.02817	18	-0.00845	0.0884	-0.02398
-11	-0.00093	0.828	-0.02911	19	-0.01142	0.0012***	-0.0354

T	AAR	t	CAR	T	AAR	t	CAR
-10	-0.00513	0.2755	-0.03424	20	-0.0008	0.8273	-0.03619
-9	0.004693	0.4172	-0.02954	21	0.00933	0.0259**	-0.02686
-8	0.000266	0.9488	-0.02928	22	0.001494	0.7374	-0.02537
-7	-0.00107	0.8195	-0.03035	23	0.000657	0.8714	-0.02471
-6	0.00368	0.444	-0.02667	24	-0.0057	0.1392	-0.03041
-5	-0.0019	0.7041	-0.02857	25	-0.00453	0.2736	-0.03494
-4	-0.00074	0.8608	-0.02931	26	-0.00082	0.8665	-0.03577
-3	-0.00229	0.6109	-0.03161	27	0.005148	0.2043	-0.03062
-2	0.002152	0.5115	-0.02945	28	-0.00507	0.1119	-0.03569
-1	0.000825	0.8924	-0.02863	29	0.004363	0.4274	-0.03133
				30	0.001813	0.6944	-0.02951

***1%에서 유의, **5%에서 유의, *10%에서 유의.

<표 12>는 ERP 도입 공시일을 기점으로, 사건 기간 t = −30일 에서 t = +30일까지 기간 동안 초과수익률(AAR) 및 그에 따른 t 값, 그리고 누적평균초과수익률(CAR)을 시장조정수익률모형에 의하여 추정한 결과를 나타낸 것이다. ERP 도입 공시와 관련, ERP 프로젝트 수주·도입계약체결·구축 중·구축완료 형태로 표본이 분류된 것은 일간지 등을 통하여 ERP 도입 공시와 관련, 첫 번째로 공시한 내용을 표본선정 기준으로 정하였기 때문이다.

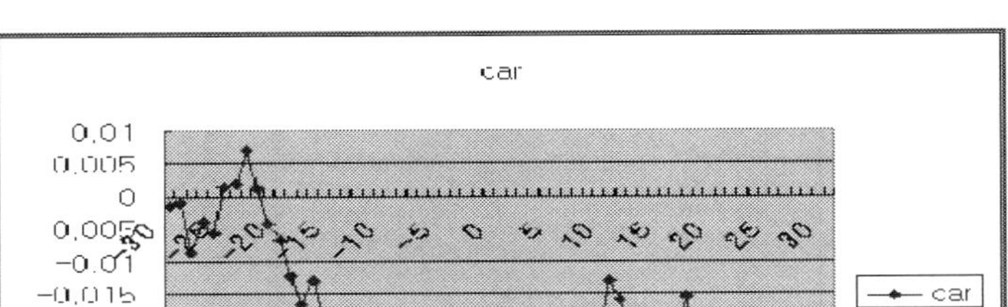

<그림 2> 전체표본기업의 ERP 도입 공시 전후 CAR

시장 전체적으로 ERP 도입에 따른 정보효과가 존재하는지를 전체표본을 대상으로 분석한 결과 <그림 2>에서 볼 수 있는 바와 같이 공시 전 기간과 공시일에 걸쳐 별 다른 양상을 보이지 않았다. <표 12>에서 공시일(t = 0)의 초과수익률(AAR)은 0.0012071% 이며 t값이 0.8463 으로 통계적인 유의성이 없는 것으로 나타났으며, 양(+)의 초과 수익률을 나타내는 기업은 24개로 나타났다. 반면, 공시 다음날(t = +1) 평균초과수익률은 음(-)의 초과수익률이 나타났으며, 양(+) 의 초과수익률을 나타내는 기업은 26개 회사가 포함되었다. ERP 도입의 공시에 따른 공시효과를 추정한 결과 <표 14>에서 보는 바와 같이 ERP 도입 공시일(0 ~ +1)의 누적평균초과수익률(CAR) 역시, P-value이 0.7404로 통계적인 유의성이 없었다.

<표 13> 평균초과수익률(n = 52)

Event day	Mean Abnormal return	Firms with Positive Abnormal returns
Day 0	0.0012071	24
Day +1	-0.0040857	26

<표 14> 누적평균초과수익률(n = 52)

T	Mean	P-Value	Maximum	Minimum
0 ~ +1	-0.0028786	0.7404	0.1614420	-0.2147900

이와 같은 현상은 미국의 주식시장을 대상으로 ERP 도입의 공시에 따른 시장의 반응을 관찰한 Hayes 등(2001)의 연구결과와 상이한 결과를 나타낸다. Hayes 등(2001)의 연구결과, 미국 주식시장의 경우 ERP 도입의 공시일(0 ~ +1)에 10% 유의수준에서 통계적으로 유의한 값(0.070), SCAR(standardized Cumulative Abnormal returns) 17.480, Z-Statistic 1.832이 나타나, ERP 도입의 공시가 투자자들에게 긍정적인 반응을 나타냄을 검증하였다. 이와 같은 현상은 ERP 투자는 ERP로 인한 기대이익을 측정하기가 어려워 많은 기업들이 여러 가지 이유로 잘못된 의사결정을 내리게 됨에 기인한다고 볼 수 있다. 또한 ERP 도입의 공시에 따른 정보효과에 있어서 미국의 주식시장과 우리나라 주식시장에서 상이한 차이가 나타나는 현상은 우리나라 주식시장이 가지고 있는 독특한 기업의 재무구조와 기업의 독특한 문화적 차이에서 나타난 결과라고 사료된다. 따라서 [가설 1] ERP 도입의 공시는 주식초과수익률에 경제적인 정보효과가 있다는 연구결과는 검증하지 못하였다. 따라서 귀무가설을 기각하지 못하였다.

2. 기업규모별 초과수익률에 대한 분석결과[가설 2]

<표 15>는 small 기업의 ERP 도입 공시일 전후 기간 초과수익률(AAR)과 그에 따른 t값 및 누적평균초과수익률(CAR)을 시장조정수익률모형에 의하여 추정한 결과를 나타낸다.

<표 15> Small 기업 ERP 도입 공시 전후 초과수익률(n = 26)

T	AAR	t	CAR	T	AAR	t	CAR
-30	-0.00506	0.4919	-0.00506	0	0.012463	0.0655*	-0.00137
-29	0.002967	0.6111	-0.00209	1	0.003422	0.6854	0.002049
-28	-0.01007	0.0419**	-0.01216	2	-0.00524	0.3711	-0.00319
-27	0.003073	0.6801	-0.00908	3	0.007899	0.1753	0.004707
-26	0.002898	0.7282	-0.00619	4	0.000712	0.8683	0.005419
-25	0.004224	0.5788	-0.00196	5	0.009324	0.1293	0.014743
-24	0.007658	0.2075	0.005695	6	0.006117	0.4135	0.020861
-23	0.000216	0.9655	0.005911	7	-0.00366	0.5673	0.017197
-22	0.000419	0.9321	0.00633	8	-0.0125	0.0173**	0.004696
-21	-0.00433	0.5116	0.001995	9	-0.00067	0.9102	0.004025
-20	-0.00256	0.639	-0.00057	10	0.003365	0.5594	0.00739
-19	-0.00245	0.7413	-0.00301	11	-0.00381	0.4052	0.003578
-18	-0.00152	0.7785	-0.00453	12	-0.00948	0.074*	-0.0059
-17	0.00087	0.8041	-0.00366	13	-0.00526	0.4339	-0.01116
-16	-0.00161	0.7348	-0.00527	14	-0.00565	0.5485	-0.01682
-15	-0.0045	0.4367	-0.00977	15	0.003629	0.718	-0.01319
-14	-0.00101	0.8276	-0.01078	16	-0.0003	0.9595	-0.01348
-13	9.16E-05	0.9888	-0.01069	17	0.009216	0.1536	-0.00427
-12	0.001368	0.8608	-0.00932	18	-0.00627	0.2616	-0.01054
-11	0.002668	0.5651	-0.00666	19	-0.00897	0.0548*	-0.01951
-10	-0.00269	0.6717	-0.00934	20	0.001596	0.7591	-0.01791
-9	-0.00116	0.82	-0.0105	21	0.009009	0.1928	-0.0089
-8	0.00275	0.5736	-0.00775	22	-0.0018	0.7599	-0.01071
-7	-0.0065	0.2787	-0.01425	23	0.006777	0.1906	-0.00393
-6	-0.00101	0.8545	-0.01526	24	-0.00365	0.4493	-0.00758
-5	-0.00042	0.9566	-0.01568	25	-0.00922	0.0656*	-0.0168

-4	-0.0019	0.7551	-0.01758	26	-0.00024	0.9633	-0.01705
-3	0.002428	0.6966	-0.01516	27	0.004321	0.2751	-0.01273
-2	0.006683	0.1215	-0.00847	28	-0.00594	0.1242	-0.01867
-1	-0.00536	0.3618	-0.01384	29	0.010438	0.2306	-0.00823
				30	0.003371	0.6651	-0.00486

***1%에서 유의, **5%에서 유의, *10%에서 유의.

<표 16>은 Large 기업 ERP 도입 공시일 전후 기간 초과수익률(AAR)과 그에 따른 t값 및 누적평균초과수익률(CAR)을 시장조정수익률모형에 의하여 추정한 결과를 나타낸다.

<표 16> Large 기업 ERP 도입 공시 전후 초과수익률(n = 26)

T	AAR	t	CAR	T	AAR	T	CAR
-30	0.002227	0.7364	0.002227	0	-0.01005	0.3351	-0.053469
-29	-0.00216	0.747	0.000069	1	-0.01159	0.1909	-0.065062
-28	-0.00528	0.3767	-0.005208	2	-0.0042	0.5346	-0.069261
-27	0.006226	0.4346	0.001018	3	-0.00052	0.9552	-0.069779
-26	-0.00638	0.236	-0.00536	4	-0.00756	0.3513	-0.077344
-25	0.010048	0.2049	0.004688	5	0.020594	0.014**	-0.05675
-24	-0.00673	0.4207	-0.002047	6	-0.0029	0.7531	-0.059648
-23	0.010278	0.2565	0.008231	7	0.002956	0.6542	-0.056692
-22	-0.0122	0.1278	-0.003965	8	0.00242	0.6685	-0.054272
-21	-0.00655	0.3263	-0.010516	9	0.007958	0.2241	-0.046315
-20	-0.00215	0.7421	-0.012667	10	0.012905	0.057*	-0.033409
-19	-0.00914	0.1569	-0.021811	11	-0.00195	0.6981	-0.035359
-18	-0.00695	0.0904*	-0.028766	12	-0.00908	0.0774*	-0.044439
-17	0.006585	0.4053	-0.022181	13	0.003443	0.6406	-0.040996
-16	-0.01207	0.1172	-0.034251	14	0.008155	0.2409	-0.032841

T	AAR	t	CAR	T	AAR	T	CAR
-15	-0.00943	0.1986	-0.043681	15	-0.00161	0.8174	-0.03445
-14	0.004224	0.5511	-0.039458	16	-0.00435	0.4618	-0.038803
-13	-0.00154	0.8599	-0.040998	17	0.012012	0.1518	-0.026791
-12	-0.00603	0.3819	-0.047027	18	-0.01062	0.2038	-0.037413
-11	-0.00453	0.5372	-0.051561	19	-0.01388	0.0105**	-0.051288
-10	-0.00757	0.2877	-0.059127	20	-0.00319	0.543	-0.054473
-9	0.010541	0.3164	-0.048587	21	0.009652	0.0508*	-0.044822
-8	-0.00222	0.7458	-0.050804	22	0.004788	0.4831	-0.040034
-7	0.004353	0.5534	-0.046451	23	-0.00546	0.3843	-0.045497
-6	0.008373	0.2951	-0.038079	24	-0.00775	0.2074	-0.053245
-5	-0.00338	0.6058	-0.041458	25	0.000159	0.981	-0.053086
-4	0.000412	0.946	-0.041046	26	-0.0014	0.8675	-0.054485
-3	-0.00701	0.2897	-0.048055	27	0.005975	0.4077	-0.048511
-2	-0.00238	0.633	-0.050434	28	-0.0042	0.4186	-0.052711
-1	0.007014	0.5165	-0.04342	29	-0.00171	0.8033	-0.054424
				30	0.000254	0.961	-0.054169

***1%에서 유의, **5%에서 유의, *10%에서 유의.

ERP 도입 공시일(t = 0) 초과수익률(AAR)은 Small 기업에 0.012463% (t값 = 0.0655), Large 기업에 - 0.01005%(t값 = 0.3351)로 나타났다. ERP 도입 공시일 초과수익률은 Large 기업보다 Small 기업에서 더 크고, 유의도를 나타내는 t값이 Small 기업에서 훨씬 큰 결과를 보여 주어 주가반응이 기업규모에 따라 다르게 나타남을 보여준다.

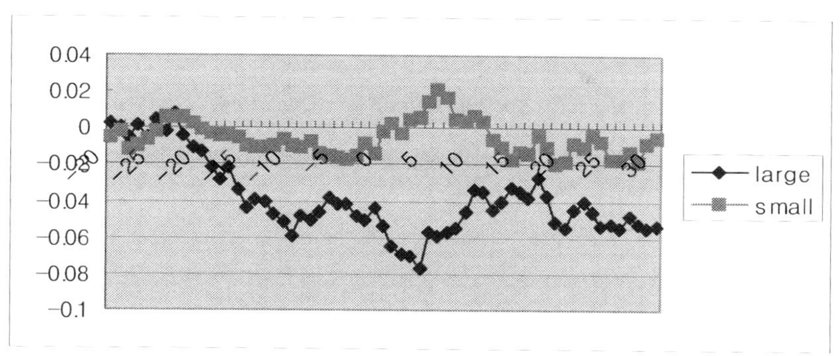

<그림 3> Small · Large 기업의 ERP 도입 공시 전후 CAR

<그림 3>은 기업규모에 따른 표본 기업의 ERP 도입 공시일 전후(t = −30, +30) 기간 동안 누적평균초과수익률(CAR)을 그래프화한 것이다. 공시 전 기간에는 Small 기업의 누적평균초과수익률이 별다른 반응을 나타내지 않다가 ERP 공시일 이후 상승하는 모습을 볼 수 있다. 이와 같은 현상은 ERP 도입 공시가 Large 기업에 비해 Small 기업에서 더욱 긍정적(good news) 측면으로 인식되고 있다는 것을 나타낸다. 이는 ERP 도입으로 인해 기업이 부담해야 할 비용 측면보다 선진기업의 우수한 경영기법과 업무 프로세스를 적용함으로써 기업의 경영관리 체계를 혁신하고, 조직의 한정된 자원을 전사적으로 관리함으로써 미래 기업의 생산성을 향상시키고 경쟁력을 강화시킬 수 있다는 기대감이 반영된 것으로 이해할 수 있다.

그러나 기업규모마다 경쟁 정도와 성장, 혹은 정체가능성 등이 다양하기 때문에 ERP 도입에 따른 정보효과도 다양하리라고 기대된다. 이러한 기대를 확인하기 위하여 본 연구에서 선정된 표본을 대상으로 기업규모별 정보효과의 정도를 분석한 결과가 <표 17> 에 나타나 있다.

<표 17> Small · Large 기업 간 초과수익률 차이 검증(T-test)

Independent Variable	N	Mean	Std Dev	Probability t
Large	26	-0.02164208	0.07079877	0.0284
Small	26	0.01588488	0.04665342	

분석결과를 보면 기대했던 바와 마찬가지로 기업규모별 정보효과가 다르게 나타남을 볼 수 있다. 두 표본 집단 간(Small · Large)의 평균 차이를 검증하기 위하여 T-test를 실시한 결과 <표 17>과 같이 5% 유의수준에서 통계적으로 유의한 값(0.0284)이 나타났다. 따라서 ERP 도입의 공시와 관련, 기업규모는 정보효과를 나타내는 주요 요인이라 설명할 수 있다. 따라서 [가설 2]는 채택되었다. 하지만 이러한 결과만으로 ERP 도입 공시에 따른 정보효과가 발생한 것이라고 설명하기가 어렵다. 왜냐하면 이와 같은 현상은 ERP 도입 공시시점에서 발생하는 복합효과를 제거하기 어려운 문제점이 존재하기 때문이라고 판단된다. 즉, ERP 도입 공시에 따른 Small 기업의 정보효과가 시장에서 긍정적인 반응을 나타낸 것인지, 아니면 그동안 시장으로부터 외면당한 주가가 일시적인 반응에 의하여 정보효과로 나타난 것인지 불분명하기 때문이다. 따라서 본 연구가 의미 있는 결과를 도출하고 발전시키기 위해서는 우리나라 기업의 ERP 공시시점을 전후해서 동일업종 가운데 ERP를 도입한 Small 기업과 ERP를 도입하지 않은 Small 기업 상호 간 관계를 명확히 파악하기 위한 기초적 연구가 선행되어야 할 것으로 사료된다.

3. 재무 건전도에 따른 초과수익률 분석결과[가설 3]

<표 18>은 재무건전(Healthy) 기업의 ERP 도입 공시일 전후 기간 초과수익률(AAR)과 그에 따른 t값 및 누적평균초과수익률(CAR)을 보여 준다.

<표 18> Healthy 기업 ERP 도입 공시 전후 초과수익률(n = 26)

T	AAR	t	CAR	T	AAR	t	CAR
-30	0.000547	0.9424	0.000547	0	0.001396	0.8589	-0.02503
-29	-0.00102	0.8841	-0.00048	1	-0.0081	0.3405	-0.03313
-28	-0.00743	0.1488	-0.00791	2	-0.00322	0.6736	-0.03634
-27	0.005036	0.5324	-0.00287	3	0.010797	0.2504	-0.02555
-26	-0.0039	0.575	-0.00677	4	-0.00391	0.5043	-0.02946
-25	0.006758	0.3766	-1.60E-05	5	0.017574	0.0346**	-0.01189
-24	0.001276	0.8519	0.001259	6	0.001228	0.8803	-0.01066
-23	0.002462	0.7024	0.003721	7	-0.0051	0.4835	-0.01576
-22	-0.00199	0.7754	0.001732	8	-0.00619	0.3157	-0.02195
-21	-0.01047	0.0356**	-0.00873	9	0.005076	0.4505	-0.01687
-20	0.001434	0.8197	-0.0073	10	0.001357	0.8348	-0.01551
-19	-0.01114	0.1501	-0.01844	11	-0.00612	0.2123	-0.02164
-18	-0.0079	0.1736	-0.02634	12	-0.00346	0.4936	-0.02509
-17	0.013647	0.0772*	-0.01269	13	0.001266	0.8721	-0.02383
-16	-0.00098	0.8544	-0.01367	14	0.000293	0.9767	-0.02353
-15	-0.01001	0.1516	-0.02368	15	0.001541	0.8784	-0.02199
-14	-0.00302	0.5754	-0.0267	16	-0.00182	0.7489	-0.02382
-13	-0.00146	0.8449	-0.02816	17	0.010747	0.1928	-0.01307
-12	0.002291	0.7862	-0.02587	18	-0.00925	0.1547	-0.02232

88

T	AAR	t	CAR	T	AAR	t	CAR
-11	-0.00081	0.8976	-0.02668	19	-0.01288	0.0161**	-0.03519
-10	-0.00634	0.1908	-0.03303	20	-0.00099	0.8444	-0.03618
-9	0.005231	0.5469	-0.02779	21	0.000551	0.9311	-0.03563
-8	-0.00086	0.8905	-0.02865	22	-0.00196	0.7473	-0.03759
-7	-0.01361	0.0134**	-0.04227	23	-0.00129	0.8083	-0.03888
-6	0.002076	0.7263	-0.04019	24	-0.00327	0.5108	-0.04215
-5	0.003994	0.5678	-0.0362	25	-0.01049	0.0981*	-0.05264
-4	0.00017	0.9794	-0.03603	26	0.003386	0.6422	-0.04926
-3	0.00747	0.325	-0.02856	27	0.004934	0.2941	-0.04432
-2	0.002665	0.5343	-0.02589	28	-0.00563	0.2082	-0.04995
-1	-0.00053	0.9472	-0.02642	29	0.001192	0.8694	-0.04876
				30	-0.00661	0.2455	-0.05536

***1%에서 유의, **5%에서 유의, *10%에서 유의.

<표 19>는 재무불건전(Unhealthy) 기업의 ERP 도입 공시일 전후 기간 초과수익률(AAR)과 그에 따른 t값 및 누적평균초과수익률(CAR)을 보여 준다.

<표 19> Unhealthy 기업 ERP 도입 공시 전후 초과수익률(n = 26)

T	AAR	t	CAR	T	AAR	t	CAR
-30	-0.00337	0.5981	-0.00337	0	0.001018	0.9181	-0.02981
-29	0.001831	0.7373	-0.00154	1	-7.30E-05	0.9935	-0.02989
-28	-0.00791	0.174	-0.00946	2	-0.00622	0.181	-0.03611
-27	0.004263	0.5621	-0.00519	3	-0.00342	0.5289	-0.03953
-26	0.000419	0.9531	-0.00477	4	-0.00294	0.6797	-0.04246
-25	0.007514	0.3426	0.00274	5	0.012344	0.0509*	-0.03012
-24	-0.00035	0.9645	0.002389	6	0.001991	0.8184	-0.02813
-23	0.008032	0.3236	0.010421	7	0.004393	0.4309	-0.02374
-22	-0.00979	0.125	0.000632	8	-0.00389	0.4253	-0.02763
-21	-0.00042	0.9577	0.000213	9	0.00221	0.7035	-0.02542
-20	-0.00614	0.2798	-0.00593	10	0.014913	0.0127*	-0.01051
-19	-0.00045	0.9405	-0.00638	11	0.000361	0.9382	-0.01014
-18	-0.00057	0.8683	-0.00695	12	-0.0151	0.004***	-0.02525
-17	-0.00619	0.0677*	-0.01315	13	-0.00309	0.6182	-0.02833
-16	-0.0127	0.0817*	-0.02585	14	0.002207	0.7203	-0.02613
-15	-0.00392	0.527	-0.02977	15	0.000478	0.9452	-0.02565
-14	0.006235	0.3368	-0.02354	16	-0.00282	0.6396	-0.02847
-13	8.35E-06	0.9992	-0.02353	17	0.010482	0.1139	-0.01799
-12	-0.00695	0.2513	-0.03048	18	-0.00765	0.3196	-0.02563
-11	-0.00105	0.8609	-0.03153	19	-0.00997	0.0367**	-0.0356
-10	-0.00391	0.6341	-0.03545	20	-0.0006	0.9115	-0.03621
-9	0.004154	0.5991	-0.03129	21	0.01811	0.0006	-0.0181
-8	0.001393	0.8051	-0.0299	22	0.004948	0.457	-0.01315
-7	0.011468	0.1193	-0.01843	23	0.002608	0.6768	-0.01054
-6	0.005285	0.495	-0.01315	24	-0.00813	0.1771	-0.01867
-5	-0.0078	0.2839	-0.02094	25	0.001428	0.7905	-0.01725
-4	-0.00166	0.7661	-0.0226	26	-0.00503	0.4522	-0.02228
-3	-0.01205	0.01**	-0.03465	27	0.005362	0.4275	-0.01691
-2	0.00164	0.7473	-0.03301	28	-0.00452	0.335	-0.02143
-1	0.002178	0.8174	-0.03083	29	0.007534	0.3732	-0.0139
				30	0.010235	0.1575	-0.00366

***1%에서 유의, **5%에서 유의, *10%에서 유의.

<표 4> **Healthy · Unhealthy** 기업의 **ERP** 도입 공시 전후 **CAR**

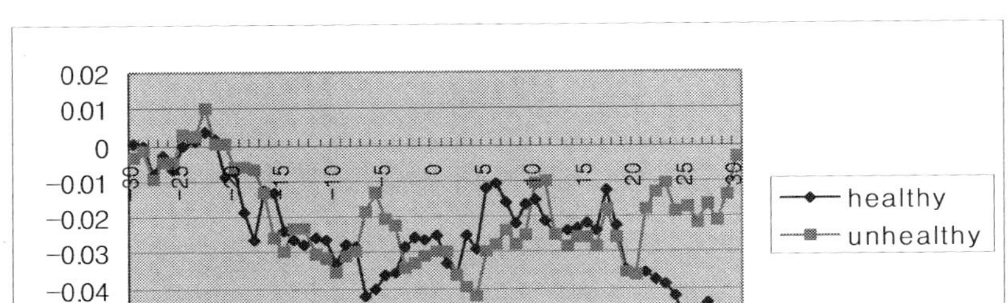

<그림 4>는 Healthy · Unhealthy 기업의 ERP 도입 공시일 전후 기간 누적평균초과수익률(CAR)을 그래프화 한 것이다. 기업의 재무 건전도 여부에 관계없이 ERP 도입 공시 전부터 그래프가 상승하고 있다. 이것은 ERP 도입의 정보가 사전에 유출됨(information leakage)에 따른 결과라고 여겨진다. 기업의 재무 건전도(Healthy · Unhealthy) 여부에 관계없이 ERP 도입 공시 후 누적평균초과수익률이 저조하였는데, 이와 같은 현상은 ERP 도입의 공시에 대한 기대감이 사라졌다고 풀이될 수 있겠다.

<표 20> **Healthy · Unhealthy** 기업 초과수익률 차이 검증(**T-test**)

Independent Variable	N	Mean	Std Dev	Probability t
Healthy	26	-0.00670269	0.05366842	0.6627
Unhealthy	26	0.0094550	0.07078554	

두 표본 집단 간(Healthy · Unhealthy) 평균 차이를 검증하기 위하여 T-test를 실시한 결과 <표 20>에서 볼 수 있는 것과 같이 통계적

으로 유의성이 없었다. 따라서 우리나라의 경우, 주식시장에서 ERP 도입의 공시효과는 기업의 재무 건전도에 크게 영향을 받지 않는 것으로 설명할 수 있다. 따라서 [가설 3] ERP 도입의 공시효과는 기업의 재무 건전도에 따라 다르다는 연구결과를 검증하지 못하였다.

4. 기업규모·재무 건전도 상호작용에 따른 초과수익률 분석결과[가설 4]

<표 21>은 Large·Healthy 기업의 ERP 도입 공시일 전후 기간 초과수익률(AAR)과 그에 따른 t값 및 누적평균초과수익률(CAR)을 보여 준다.

<표 21> Large · Healthy 기업 ERP 도입 공시 전후 초과수익률(n = 8)

T	AAR	t	CAR	T	AAR	t	CAR
-30	0.005472	0.7376	0.005472	0	-0.01689	0.307	-0.07671
-29	-0.00111	0.9477	0.00436	1	-0.01634	0.296	-0.09305
-28	0.000287	0.9776	0.004646	2	0.003084	0.864	-0.08997
-27	-0.00247	0.8558	0.00218	3	0.011105	0.6736	-0.07886
-26	-0.01003	0.2069	-0.00785	4	-0.02134	0.1627	-0.1002
-25	0.008623	0.4367	0.000769	5	0.037862	0.0619*	-0.06234
-24	-0.00438	0.8076	-0.00361	6	-0.01835	0.2021	-0.0807
-23	0.006922	0.6421	0.003308	7	-0.00802	0.5681	-0.08872
-22	-0.00937	0.6451	-0.00606	8	0.007404	0.5867	-0.08131
-21	-0.02049	0.1671	-0.02656	9	0.022982	0.1178	-0.05833
-20	-0.00221	0.8727	-0.02877	10	-0.0003	0.9817	-0.05863
-19	-0.01851	0.0845*	-0.04727	11	-0.00988	0.3823	-0.06851
-18	-0.01198	0.261	-0.05925	12	0.002491	0.7603	-0.06602

T	AAR	t	CAR	T	AAR	t	CAR
-17	0.043332	0.0494**	-0.01592	13	0.022318	0.2255	-0.0437
-16	-0.01157	0.3617	-0.02749	14	0.017429	0.1848	-0.02627
-15	-0.02457	0.1576	-0.05206	15	0.002628	0.8509	-0.02364
-14	-0.00095	0.9429	-0.05301	16	0.001195	0.8959	-0.02245
-13	-0.00595	0.6895	-0.05896	17	0.013694	0.4871	-0.00875
-12	-0.00494	0.6972	-0.0639	18	-0.01382	0.3729	-0.02257
-11	-0.00187	0.9119	-0.06576	19	-0.01675	0.183	-0.03932
-10	0.00292	0.7151	-0.06284	20	-0.00071	0.9263	-0.04003
-9	0.022834	0.3491	-0.04001	21	-0.00552	0.5384	-0.04555
-8	-0.01745	0.1945	-0.05746	22	-0.00039	0.9715	-0.04594
-7	-0.01301	0.1168	-0.07047	23	-0.01483	0.1047	-0.06077
-6	0.005841	0.6022	-0.06463	24	0.005786	0.5	-0.05499
-5	-0.00459	0.5646	-0.06922	25	-0.01001	0.4864	-0.06499
-4	-0.00297	0.8284	-0.07219	26	0.00418	0.8186	-0.06081
-3	0.006058	0.718	-0.06613	27	-0.00063	0.9581	-0.06144
-2	-0.00705	0.1596	-0.07318	28	-0.00874	0.3556	-0.07018
-1	0.013357	0.5066	-0.05982	29	-0.0041	0.7353	-0.07428
				30	-0.01078	0.3261	-0.08506

***1%에서 유의, **5%에서 유의, *10%에서 유의.

<그림 5> Large · Healthy 기업 ERP 도입 공시 전후 CAR

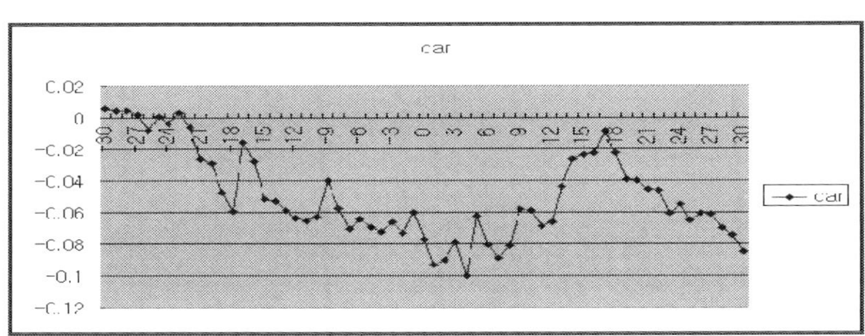

<그림 5>는 Large · Healthy 기업의 ERP 도입 공시일 전후(t = −30, +30) 기간 누적평균초과수익률(CAR)을 그래프화 한 것이다. ERP 도입 공시일(t = 0)의 초과수익률(AAR)은 −0.001689%(t = 0.307)으로 통계적으로 유의성이 없는 것으로 나타났다. Lorin(1996)은 정보시스템 위험요인에 관한 연구에서 사용자 요구사항 불만족, 이해 관계자의 갈등, 명확하지 않은 요구사항으로 제대로 확립되지 않은 가이드라인, 예산과 일정 부족, 직무에 맞지 않는 기술, 보이지 않는 비용, 계획 실패, 의사소통 결렬, 조직과 미션의 변화를 수용할 수 있는 아키텍쳐 구축 미비, 실패요인 발생 시 경고신호 미흡의 10개 영역으로 정보시스템 프로젝트 위험 요인을 정리하였다. Alter(1979), Davis(1982), McFarlan(1981) 등은 정보시스템의 실행에 잠재적으로 영향을 끼치는 많은 요인들을 규명하였다. Zmud(1979)는 조직적 특성, 환경적 특성, 업무적 특성, 개인적 특성에서의 정보시스템 프로젝트 위험 요인을 제시하였다. 따라서 우리나라 주식시장의 경우 기업규모가 크고 재무건전 기업이 ERP 도입을 공시할 때, 미래에 발생할지도 모르는 위험(Risk) 요인으로 인해 긍정적인(good news) 반응을 나타내지 않는 것으로 사료된다. 따라서 ERP 도입의 정보효과는 기업규모와 재무 건전도와는 무관함을 보여준다.

<표 22>는 Small · Healthy 기업의 ERP 도입 공시일 전후 기간 초과수익률(AAR)과 그에 따른 t값 및 누적평균초과수익률(CAR)을 보여 준다.

<표 22> Small · Healthy 기업 ERP 도입 공시 전후 초과수익률

T	AAR	t	CAR	T	AAR	t	CAR
-30	-0.00164	0.8501	-0.00164	0	0.009521	0.2797	-0.00206
-29	-0.00098	0.8945	-0.00262	1	-0.00443	0.673	-0.00649
-28	-0.01087	0.0755*	-0.01349	2	-0.00602	0.4636	-0.01251
-27	0.00837	0.4165	-0.00512	3	0.010661	0.1936	-0.00185
-26	-0.00117	0.9026	-0.00629	4	0.003831	0.4559	0.001982
-25	0.00593	0.5602	-0.00036	5	0.008558	0.2942	0.01054
-24	0.00379	0.5614	0.003425	6	0.009931	0.3172	0.02047
-23	0.00048	0.9457	0.003905	7	-0.0038	0.6683	0.016667
-22	0.001292	0.8148	0.005197	8	-0.01223	0.0691*	0.004437
-21	-0.00601	0.088*	-0.00081	9	-0.00288	0.6904	0.001555
-20	0.003052	0.67	0.00224	10	0.002095	0.7874	0.003649
-19	-0.00787	0.4467	-0.00563	11	-0.00445	0.4076	-0.0008
-18	-0.00608	0.3986	-0.01171	12	-0.0061	0.3482	-0.00691
-17	0.000454	0.9242	-0.01126	13	-0.00809	0.3126	-0.015
-16	0.003729	0.4996	-0.00753	14	-0.00732	0.5858	-0.02232
-15	-0.00354	0.6053	-0.01107	15	0.001058	0.9377	-0.02126
-14	-0.00394	0.4805	-0.01501	16	-0.00317	0.669	-0.02443
-13	0.000538	0.952	-0.01447	17	0.009437	0.2841	-0.01499
-12	0.005503	0.6207	-0.00897	18	-0.00721	0.297	-0.0222
-11	-0.00034	0.9539	-0.00931	19	-0.01115	0.0533*	-0.03336
-10	-0.01046	0.0873	-0.01977	20	-0.00111	0.8669	-0.03447
-9	-0.00259	0.7168	-0.02237	21	0.003249	0.7022	-0.03122
-8	0.006512	0.3386	-0.01585	22	-0.00266	0.7283	-0.03388
-7	-0.01388	0.0562*	-0.02974	23	0.004721	0.4696	-0.02916
-6	0.000403	0.9559	-0.02933	24	-0.00729	0.2394	-0.03645
-5	0.007808	0.4162	-0.02152	25	-0.01071	0.1297	-0.04716
-4	0.001566	0.8387	-0.01996	26	0.003034	0.6841	-0.04412
-3	0.008098	0.3468	-0.01186	27	0.007407	0.1114	-0.03671
-2	0.006981	0.225	-0.00488	28	-0.00424	0.4136	-0.04096
-1	-0.0067	0.3958	-0.01158	29	0.003545	0.7029	-0.03741
				30	-0.00476	0.4921	-0.04217

***1%에서 유의, **5%에서 유의, *10%에서 유의.

<그림 6> Small · Healthy 기업 ERP 도입 공시 전후 CAR

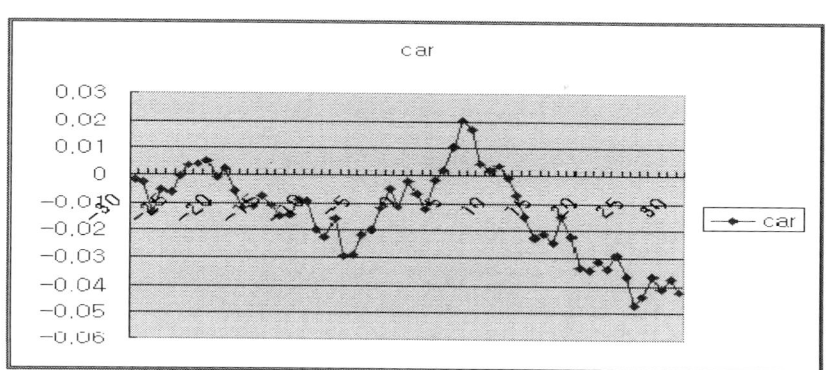

<그림 6>은 Small · Healthy 기업의 ERP 도입 공시일 전후(t = -30, +30) 기간 누적평균초과수익률(CAR)을 그래프화 한 것이다.

Hunton 등(2003)은 기업규모가 작고 재무건전 기업의 경우, 기업규모가 작고 재무불건전 기업보다 ERP 도입으로 인하여 미래의 효익(benefits)을 발생시킬 수 있는 가능성이 있음을 연구결과로 제시하였다. 즉, 기업규모가 작고 재무적으로 건전한 기업의 경우에는 전사적인 통합에 의하여 기업이 필요로 하는 자원들을 획득할 수 있으며, 이로 인하여 시장에서 중요한 역할을 수행할 수 있다고 주장하였다.

우리나라 주식시장의 경우, ERP 도입 공시 전부터 그래프가 상승하고 있음은 ERP 도입정보가 사전에 유출(information leakage)에 따른 결과라고 여겨지며, 기업규모가 작고 재무건전 기업의 경우 ERP 도입에 따른 주식시장의 반응 결과는 Hunton 등(2003)의 연구결과와 맥을 같이 하고 있다고 설명할 수 있다.

<표 23>은 Large · Unhealthy 기업의 ERP 도입 공시일 전후 기간 초과수익률(AAR)과 그에 따른 t값 및 누적평균초과수익률(CAR)을 보여 준다.

<표 23> Large · Unhealthy 기업 ERP 도입 공시 전후 초과수익률

t	AAR	t	CAR	T	AAR	t	CAR
-30	0.000785	0.9087	0.000785	0	-0.00701	0.6054	-0.04314
-29	-0.00262	0.6969	-0.00184	1	-0.00948	0.3964	-0.05262
-28	-0.00775	0.307	-0.00959	2	-0.00744	0.2402	-0.06006
-27	0.010088	0.3186	0.000502	3	-0.00568	0.4548	-0.06574
-26	-0.00475	0.5044	-0.00425	4	-0.00144	0.8832	-0.06718
-25	0.010681	0.3152	0.00643	5	0.01292	0.126	-0.05426
-24	-0.00778	0.42	-0.00135	6	0.00397	0.7381	-0.05029
-23	0.01177	0.3141	0.010419	7	0.007834	0.2967	-0.04246
-22	-0.01345	0.0944*	-0.00303	8	0.000205	0.9725	-0.04225
-21	-0.00035	0.9612	-0.00339	9	0.00128	0.855	-0.04097
-20	-0.00213	0.7807	-0.00551	10	0.018776	0.0192**	-0.0222
-19	-0.00498	0.5434	-0.01049	11	0.001574	0.7756	-0.02063
-18	-0.00472	0.2334	-0.01522	12	-0.01422	0.0285**	-0.03485
-17	-0.00975	0.0282**	-0.02496	13	-0.00495	0.4835	-0.03979
-16	-0.01229	0.2168	-0.03726	14	0.004033	0.6334	-0.03576
-15	-0.0027	0.7213	-0.03996	15	-0.00349	0.6755	-0.03925
-14	0.006525	0.4541	-0.03343	16	-0.00682	0.3777	-0.04607
-13	0.000417	0.9701	-0.03302	17	0.011265	0.2146	-0.03481
-12	-0.00651	0.4478	-0.03953	18	-0.0092	0.3745	-0.04401
-11	-0.00572	0.4801	-0.04525	19	-0.0126	0.0335	-0.05661
-10	-0.01223	0.21	-0.05748	20	-0.00429	0.5375	-0.06089
-9	0.005077	0.6559	-0.0524	21	0.016394	0.0044***	-0.0445
-8	0.004552	0.5688	-0.04785	22	0.00709	0.424	-0.03741
-7	0.012071	0.2214	-0.03578	23	-0.0013	0.8746	-0.03871
-6	0.009498	0.3757	-0.02628	24	-0.01376	0.0862*	-0.05247
-5	-0.00284	0.7518	-0.02912	25	0.004677	0.5367	-0.04779
-4	0.001916	0.7778	-0.0272	26	-0.00388	0.6858	-0.05167
-3	-0.01282	0.0455	-0.04002	27	0.00891	0.3357	-0.04276
-2	-0.0003	0.9652	-0.04032	28	-0.00218	0.7353	-0.04495
-1	0.004194	0.7538	-0.03613	29	-0.00065	0.9402	-0.0456
				30	0.005158	0.3785	-0.04044

***1%에서 유의, **5%에서 유의, *10%에서 유의.

<그림 7> Large · Unhealthy 기업 ERP 도입 공시 전후 CAR

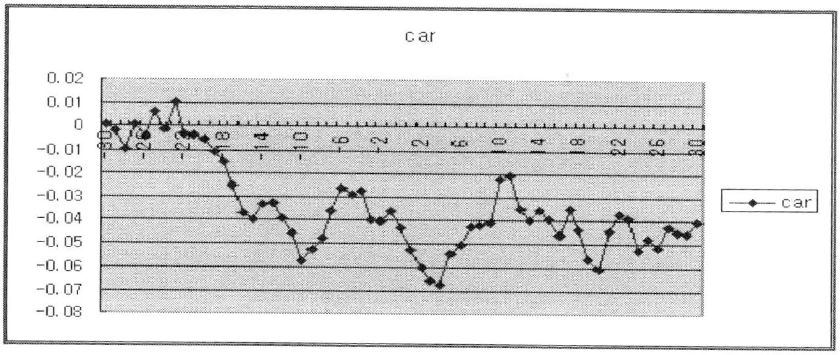

<그림 7>은 Large · Unhealthy 기업의 ERP 도입 공시일 전후(t = -30, +30) 기간 누적평균초과수익률(CAR)을 그래프화 한 것이다. ERP 도입 공시 전부터 주가가 떨어지는 현상을 볼 수 있다.

이와 같은 현상은 Hunton 등(2003)의 연구결과와 맥을 같이 하고 있다. Hunton 등(2003)의 연구에 의하면 기업규모가 크고 재무불건전 기업의 경우, 제한된 자원을 가지고 전사적(全社的)인 측면을 고려해야 하므로 기업이 필요로 하는 자원을 획득할 수 없으며, 시장에서 중요한 역할을 수행할 수 없다고 주장하였다. 따라서 기업규모가 크고 재무불건전 기업이 ERP 도입의 공시를 할 경우, Hunton(2003)의 주장과 같은 맥락으로 이해할 수 있다.

<표 24>는 Small · Unhealthy 기업의 ERP 도입 공시일 전후 기간 초과수익률(AAR)과 그에 따른 t값 및 누적평균초과수익률(CAR)을 보여 준다.

<표 24> Small · Unhealthy 기업 ERP 도입 공시 전후 초과수익률(n=8)

T	AAR	t	CAR	T	AAR	t	CAR
-30	-0.01273	0.395	-0.01273	0	0.019084	0.0699	0.00017
-29	0.011852	0.2216	-0.00088	1	0.021097	0.1415	0.021267
-28	-0.00828	0.3718	-0.00916	2	-0.00349	0.5554	0.017773
-27	-0.00884	0.2466	-0.018	3	0.001684	0.7471	0.019457
-26	0.012057	0.498	-0.00595	4	-0.00631	0.4487	0.013152
-25	0.000386	0.9713	-0.00556	5	0.011049	0.2219	0.024201
-24	0.016361	0.2463	0.010802	6	-0.00246	0.8173	0.021738
-23	-0.00038	0.936	0.010425	7	-0.00335	0.6428	0.018389
-22	-0.00155	0.8881	0.008878	8	-0.01311	0.1396	0.00528
-21	-0.00057	0.9789	0.008312	9	0.004303	0.7076	0.009583
-20	-0.01519	0.0344**	-0.00688	10	0.006223	0.427	0.015806
-19	0.009755	0.1445	0.002879	11	-0.00237	0.8043	0.013439
-18	0.008757	0.2025	0.011636	12	-0.01708	0.0797*	-0.00364
-17	0.001805	0.6884	0.013441	13	0.001101	0.935	-0.00254
-16	-0.01363	0.1406	-0.00018	14	-0.0019	0.7972	-0.00444
-15	-0.00667	0.5753	-0.00685	15	0.009414	0.4906	0.004969
-14	0.00558	0.5368	-0.00127	16	0.006166	0.5261	0.011135
-13	-0.00091	0.9137	-0.00218	17	0.00872	0.2879	0.019855
-12	-0.00794	0.1383	-0.01012	18	-0.00415	0.6899	0.015709
-11	0.009445	0.2021	-0.00067	19	-0.00406	0.6362	0.011647
-10	0.014794	0.343	0.014121	20	0.007681	0.3819	0.019328
-9	0.002078	0.6644	0.016199	21	0.02197	0.0743*	0.041298
-8	-0.00572	0.1967	0.010483	22	0.00013	0.9891	0.041428
-7	0.010113	0.3273	0.020596	23	0.011403	0.208	0.052831
-6	-0.00419	0.6107	0.016403	24	0.00454	0.5512	0.057371
-5	-0.01894	0.1477	-0.00254	25	-0.00588	0.1957	0.051489
-4	-0.0097	0.3537	-0.01224	26	-0.00762	0.1051	0.043868
-3	-0.01033	0.0716*	-0.02257	27	-0.00262	0.7403	0.041247
-2	0.006012	0.3345	-0.01656	28	-0.00977	0.0599*	0.031479
-1	-0.00236	0.773	-0.01891	29	0.025949	0.1971	0.057428
				30	0.021656	0.296	0.079084

***1%에서 유의, **5%에서 유의, *10%에서 유의.

ERP 도입 공시일(t = 0)의 초과수익률(AAR)은 0.019084%(t = 0.0699)로 10% 유의수준에서 통계적으로 유의성이 있는 것으로 나타났다.

<그림 8> Small · Unhealthy 기업 ERP 도입 공시 전후 CAR

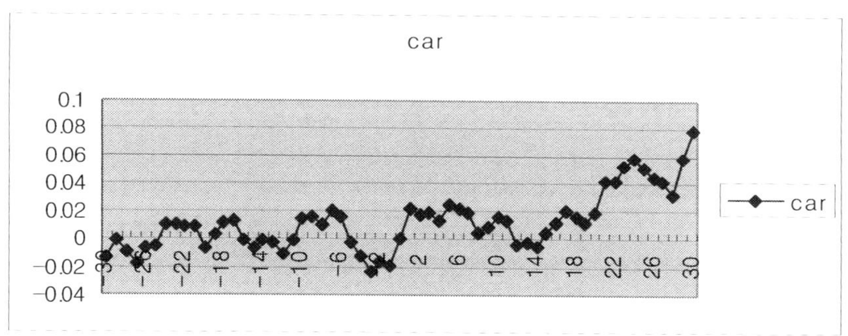

<그림 8>은 Small · Unhealthy 기업의 ERP 도입 공시일 전후(t = -30, +30) 기간 동안 누적평균초과수익률(CAR)을 그래프화 한 것이다. ERP 도입 공시 전 주가가 떨어지다가 공시일 부터 주가가 상승하는 모습을 나타낸다. 이와 같은 현상은 Hayes 등(2001)의 연구결과와 반대되는 현상을 보여준다.

Hayes 등(2001)은 기업규모가 작고 재무건전 기업과 기업규모가 크고 재무불건전 기업의 초과수익률이 기업규모가 작고 재무불건전 기업의 경우보다 큼을 연구결과로 제시하였다. 이와 같은 현상은 Small 기업이 가지고 있는 기업규모의 특성이 재무불건전 기업의 특성을 상쇄하는 현상으로 설명할 수 있겠다. Small 기업에서 주가의 움직임이 상승하는 현상도 같은 맥락으로 이해된다(그림 9).

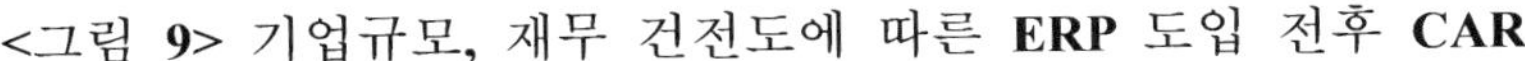

<그림 9> 기업규모, 재무 건전도에 따른 **ERP** 도입 전후 **CAR**

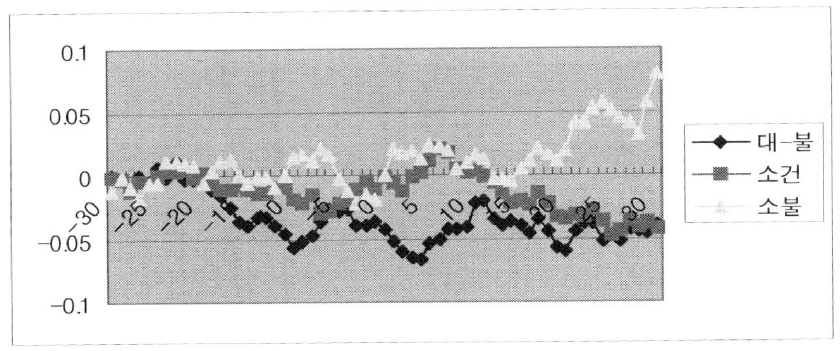

<표 25>는 기업규모와 재무 건전도에 따른 초과수익률 분석결과를 나타낸다. 기업 간 평균차를 검정하기 위하여 분산분석을 실시한 결과, 기업규모를 나타내는 LNASSET 변수에서 5% 유의수준에서 통계적으로 유의한 값(0.0281)이 나타났다. 따라서 ERP 도입의 공시와 관련, 기업규모는 정보효과를 나타내는 주요 요인이라 설명할 수 있다.

이와 같은 현상은 사건 기간(event window)을 달리 하였을 경우에도 동일한 결과가 나타났다. 사건 기간(0 ~ +2)을 달리하여 기업규모와 재무 건전도에 따른 초과수익률 분석 결과, 기업규모를 나타내는 LNAASSET 변수에서 5% 유의수준에서 통계적으로 유의한 값(0.0433)이 나타났으며, 기업의 재무 건전도(Z), 기업규모와 재무 건전도 변수 역시 통계적으로 유의한 값이 나타나지 않았다.

따라서 [가설 4]는 귀무가설을 채택하므로 기업규모와 재무 건전도를 구분한 효과는 없다고 설명할 수 있다.

<표 25> 기업규모와 재무 건전도에 따른 초과수익률(분산분석)

Independent variable	F-value	Df	P-value	R-square
Firm size (LNASSET)	5.13	1	0.0281	0.134726
Healthy (Z)	2.08	1	0.1554	
LNASSET*Z	0.26	1	0.6115	

주) Z : 한국신용평가정보㈜ 알트만(Altman)의 Z - scores.

Hayes 등(2001)의 연구결과에서 기업규모와 재무 건전도는 통계적으로 유의한 값을 갖지 못하였다. Hayes 등(2001)의 연구에서 기업규모의 F-Value는 0.57, P-Value 0.453이었으며, 기업규모와 재무건전 기업의 경우 F값은 0.65, P값은 0.423, R-square는 0.042였다. 기업규모와 재무 건전도를 믹스(LNASSET · Z)한 결과, F값은 3.25, P값은 0.075로 10% 유의수준에서 통계적으로 유의하였다. 따라서 기업규모는 정보효과를 나타내는 주요 요인이라 설명할 수 있다.

5. 공급업체(Vendor) 유형에 따른 초과수익률 분석결과 [가설 5]

<표 26>은 대형공급업체를 선정한 기업의 ERP 도입 공시일 전후 기간 초과수익률(AAR)과 그에 따른 t값 및 누적평균초과수익률(CAR)을 보여 준다.

<표 26> 대형공급업체 ERP 도입 공시 전후 초과수익률(n=35)

T	N	AAR	t	CAR	T	N	AAR	t	CAR
-30	35	-0.00173	0.7835	-0.00173	0	35	0.00477	0.5803	-0.02425
-29	35	-0.00138	0.7863	-0.0031	1	35	-0.0034	0.6923	-0.02765
-28	35	-0.00699	0.1487	-0.0101	2	35	-0.00534	0.3187	-0.03299
-27	35	0.00455	0.5412	-0.00555	3	35	0.00499	0.3976	-0.028
-26	35	-0.00114	0.8714	-0.00668	4	35	-0.0026	0.55	-0.0306
-25	35	0.010382	0.1166	0.003699	5	35	0.017866	0.0091***	-0.01274
-24	35	0.003382	0.6228	0.007081	6	35	0.004363	0.5724	-0.00838
-23	35	0.001939	0.6777	0.00902	7	35	-0.00548	0.316	-0.01385
-22	35	-0.01114	0.039**	-0.00212	8	35	-0.00686	0.1334	-0.02071
-21	35	-0.006	0.171	-0.00812	9	35	0.00014	0.9748	-0.02057
-20	35	-0.00398	0.452	-0.0121	10	35	0.010196	0.0735*	-0.01037
-19	35	-0.00457	0.4848	-0.01667	11	35	-0.00134	0.7341	-0.01171
-18	35	-0.00476	0.2862	-0.02143	12	35	-0.01186	0.0147**	-0.02357
-17	35	0.000587	0.8991	-0.02084	13	35	-0.00358	0.5531	-0.02715
-16	35	-0.00372	0.5096	-0.02456	14	35	-0.0016	0.8348	-0.02875
-15	35	-0.00297	0.5997	-0.02753	15	35	-0.00265	0.7277	-0.0314
-14	35	-0.00131	0.8101	-0.02884	16	35	-0.0018	0.7346	-0.0332
-13	35	-0.00508	0.4377	-0.03392	17	35	0.013968	0.0245**	-0.01923
-12	35	0.001123	0.859	-0.03279	18	35	-0.00548	0.3352	-0.02472
-11	35	-0.00042	0.936	-0.03321	19	35	-0.01007	0.0189**	-0.03479
-10	35	-0.0061	0.3467	-0.03931	20	35	-0.00216	0.6113	-0.03695
-9	35	0.007666	0.2758	-0.03164	21	35	0.012225	0.0297	-0.02472
-8	35	0.002443	0.6585	-0.0292	22	35	0.002317	0.7096	-0.0224
-7	35	0.001912	0.7612	-0.02729	23	35	0.004181	0.4119	-0.01822
-6	35	0.004584	0.4778	-0.02271	24	35	-0.00951	0.0737*	-0.02773
-5	35	-0.0061	0.3088	-0.0288	25	35	-0.00435	0.4104	-0.03208
-4	35	0.00209	0.6951	-0.02671	26	35	-0.00673	0.2566	-0.03882
-3	35	-0.00644	0.2601	-0.03315	27	35	0.004598	0.3492	-0.03422
-2	35	0.004113	0.3748	-0.02904	28	35	-0.00796	0.0664*	-0.04218
-1	35	2.07E-05	0.9981	-0.02902	29	35	0.004534	0.4325	-0.03765
					30	35	0.00097	0.8324	-0.03668

***1%에서 유의, **5%에서 유의, *10%에서 유의.

<표 27>은 소형공급업체를 선정한 기업의 ERP 도입 공시일 전후 기간 초과수익률(AAR)과 그에 따른 t값 및 누적평균초과수익률(CAR)을 보여 준다.

<표 27> 소형공급업체 ERP 도입 공시 전후 초과수익률(n=17)

T	N	AAR	t	CAR	T	N	AAR	t	CAR
-30	17	-0.00077	0.9221	-0.00077	0	17	-0.00613	0.398	-0.03396
-29	17	0.004074	0.639	0.0033	1	17	-0.0055	0.3817	-0.03946
-28	17	-0.00907	0.1594	-0.00577	2	17	-0.00343	0.6717	-0.04289
-27	17	0.004855	0.4505	-0.00092	3	17	0.001014	0.9303	-0.04187
-26	17	-0.00298	0.5132	-0.0039	4	17	-0.00512	0.6415	-0.04699
-25	17	0.000453	0.9631	-0.00345	5	17	0.008974	0.2219	-0.03802
-24	17	-0.00555	0.4387	-0.009	6	17	-0.00406	0.6401	-0.04208
-23	17	0.012058	0.3436	0.003059	7	17	0.010197	0.2138	-0.03188
-22	17	0.004927	0.5864	0.007986	8	17	-0.0013	0.8622	-0.03318
-21	17	-0.0043	0.7035	0.003685	9	17	0.010855	0.2803	-0.02233
-20	17	0.000987	0.8891	0.004672	10	17	0.003892	0.5763	-0.01844
-19	17	-0.00832	0.21	-0.00364	11	17	-0.00605	0.351	-0.02449
-18	17	-0.00316	0.5117	-0.00681	12	17	-0.00398	0.4306	-0.02847
-17	17	0.010193	0.2674	0.003387	13	17	0.004585	0.6066	-0.02388
-16	17	-0.01327	0.0801*	-0.00988	14	17	0.007123	0.4013	-0.01676
-15	17	-0.01518	0.0602*	-0.02507	15	17	0.008546	0.3969	-0.00821
-14	17	0.007603	0.234	-0.01746	16	17	-0.0034	0.594	-0.01161
-13	17	0.008241	0.3946	-0.00922	17	17	0.003709	0.7061	-0.0079
-12	17	-0.00944	0.2997	-0.01867	18	17	-0.01454	0.1433	-0.02244
-11	17	-0.00199	0.7999	-0.02065	19	17	-0.01421	0.0287**	-0.03666
-10	17	-0.00313	0.5878	-0.02379	20	17	0.002012	0.7796	-0.03465
-9	17	-0.00143	0.8922	-0.02522	21	17	0.003372	0.5532	-0.03127
-8	17	-0.00422	0.4727	-0.02943	22	17	-0.0002	0.968	-0.03148

T	N	AAR	t	CAR	T	N	AAR	t	CAR
-7	17	-0.00722	0.2678	-0.03665	23	17	-0.0066	0.3296	-0.03808
-6	17	0.00182	0.7852	-0.03483	24	17	0.002142	0.6254	-0.03593
-5	17	0.00674	0.468	-0.02809	25	17	-0.0049	0.4714	-0.04083
-4	17	-0.00658	0.3578	-0.03467	26	17	0.011344	0.189	-0.02949
-3	17	0.006242	0.392	-0.02843	27	17	0.006281	0.4031	-0.02321
-2	17	-0.00188	0.5654	-0.03031	28	17	0.000883	0.825	-0.02232
-1	17	0.00248	0.6458	-0.02783	29	17	0.004011	0.7455	-0.01831
					30	17	0.003548	0.7445	-0.01477

***1%에서 유의, **5%에서 유의, *10%에서 유의.

<그림 10> 공급업체(대형·소형) ERP 도입 공시 전후 CAR

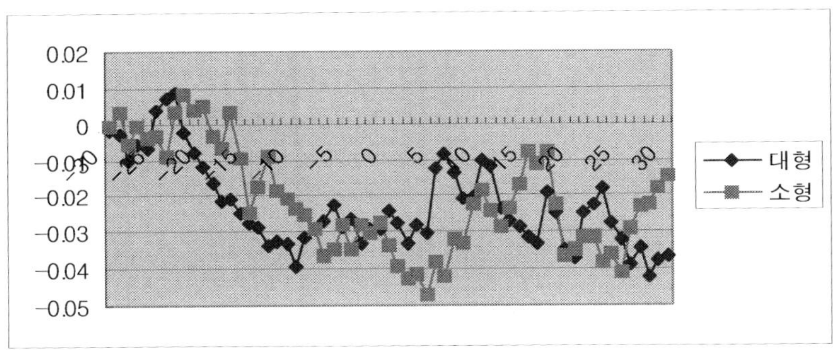

<그림 10>은 공급업체(대형·소형)유형에 따른 ERP 도입 공시일 전후(t = -30, +30) 기간 누적평균초과수익률(CAR)을 그래프화한 것이다. 대형공급업체의 ERP를 선정하였을 때 누적평균초과수익률(CAR)이 높았는데, 이와 같은 현상은 일반적으로 기업들이 ERP 도입을 위한 의사결정 시 소형공급업체보다 대형공급업체 시스템을 선택함으로써 기업이 원하는 제도들을 개선시킬 수 있다는 기대감을 반영한 것이라고 하겠다.

<표 28> 공급업체 유형에 따른 초과수익률 차이 검증(T-test)

Independent Variable	N	Mean	Std Dev	Probability t
대형공급업체	35	-0.00024207	0.03192176	0.7721
소형공급업체	17	-0.00060126	0.03441711	

ERP 공급업체(Vendor) 유형에 따른 집단 간 평균차를 검정하기 위하여 T-test를 실시한 결과(표 28), 통계적으로 유의한 수준은 아니었다. 따라서 ERP 공급업체의 유형 역시, 기업가치에 영향을 미치지 않는 것으로 나타났다. 이와 같은 연구결과는 Hayes 등(2001)의 연구결과와 대조적인 현상을 나타낸다. Hayes 등(2001)의 연구결과 대형공급업체(SAP and People Soft)가 선정한 기업의 경우 Z-statistic 2.770, P-value 0.005로서 유의적인 반응을 나타낸 반면, 기타 공급업체의 경우 Z-statistic 0.146, P값 0.442, 소형공급업체에서는 통계적으로 유의적인 반응을 나타내지 못하였다. 따라서 [가설 5]는 귀무가설을 채택하므로 공급업체별 유형에 따라 정보효과가 없다.

6. ERP 도입시점 공시유형에 따른 초과수익률 분석결과[가설 6]

<표 29>는 구축 중 기업의 ERP 도입 공시일 전후 기간 초과수익률(AAR)과 그에 따른 t값 및 누적평균초과수익률(CAR)을 보여 준다.

<표 29> 공시유형(구축 중)에 따른 ERP 도입 공시 전후 초과수익률(n = 39)

T	AAR	t	CAR	T	AAR	t	CAR
-30	-0.0029	0.6178	-0.0029	0	-0.00129	0.8593	-0.03244
-29	0.004205	0.4365	0.001309	1	-0.00139	0.8263	-0.03383
-28	-0.00488	0.2647	-0.00358	2	0.001441	0.7719	-0.03239
-27	0.008689	0.2112	0.005113	3	0.007149	0.1952	-0.02524
-26	-0.00388	0.4486	0.001235	4	0.000586	0.9068	-0.02466
-25	0.000764	0.8927	0.001999	5	0.014623	0.0101*	-0.01004
-24	0.00183	0.7574	0.00383	6	0.002147	0.7415	-0.00789
-23	0.003752	0.5362	0.007582	7	0.001303	0.7903	-0.00659
-22	-0.00267	0.602	0.004916	8	-0.00152	0.7326	-0.00811
-21	-0.00448	0.4372	0.000437	9	0.002796	0.5851	-0.00531
-20	8.58E-05	0.9863	0.000523	10	0.011954	0.0191**	0.006641
-19	-0.00691	0.1801	-0.00638	11	-0.00116	0.7718	0.005485
-18	-0.0081	0.0217**	-0.01448	12	-0.00868	0.0291**	-0.00319
-17	0.00183	0.7407	-0.01265	13	-0.0002	0.9659	-0.00339
-16	-0.00596	0.2795	-0.01861	14	-0.0014	0.792	-0.0048
-15	-0.00458	0.3944	-0.02319	15	0.005422	0.4061	0.000626
-14	0.005222	0.316	-0.01797	16	-0.00535	0.2133	-0.00473
-13	-0.00092	0.8925	-0.01889	17	0.005905	0.2997	0.001178
-12	-0.00021	0.9743	-0.0191	18	-0.00792	0.1962	-0.00674
-11	-0.00353	0.501	-0.02263	19	-0.01248	0.0019***	-0.01922
-10	-0.00932	0.0797*	-0.03195	20	0.002109	0.6443	-0.01711
-9	0.004627	0.5357	-0.02732	21	0.008369	0.01**	-0.00874
-8	-0.00228	0.6032	-0.0296	22	0.003521	0.488	-0.00522
-7	-0.00046	0.9225	-0.03007	23	0.001777	0.6938	-0.00344
-6	-0.00074	0.8966	-0.0308	24	-0.00528	0.2581	-0.00873
-5	-4.30E-05	0.9932	-0.03085	25	-0.00472	0.3025	-0.01345
-4	-0.00145	0.783	-0.0323	26	0.001771	0.7641	-0.01168
-3	-0.00124	0.8269	-0.03354	27	0.004485	0.3723	-0.00719
-2	0.001371	0.712	-0.03217	28	-0.00508	0.1888	-0.01227
-1	0.001023	0.8773	-0.03115	29	0.008559	0.1899	-0.00371
				30	0.000399	0.9444	-0.00331

***1%에서 유의, **5%에서 유의, *10%에서 유의.

<표 30>은 구축완료 기업의 ERP 도입 공시일 전후 기간 초과
수익률(AAR)과 그에 따른 t값 및 누적평균초과수익률(CAR)을
보여 준다.

<표 30> 공시유형(구축완료)에 따른 ERP 도입 공시
전후 초과수익률(n = 13)

T	AAR	t	CAR	T	AAR	t	CAR
-30	0.0030318	0.7474	0.003032	0	0.0087021	0.4893	-0.01236
-29	-0.010997	0.095	-0.00797	1	-0.012159	0.4415	-0.02452
-28	-0.016039	0.0467	-0.024	2	-0.023199	0.0083	-0.04772
-27	-0.007468	0.1472	-0.03147	3	-0.006688	0.6413	-0.05441
-26	0.0046722	0.7159	-0.0268	4	-0.015461	0.1376	-0.06987
-25	0.0262503	0.0497	-0.00055	5	0.0159673	0.1926	-0.0539
-24	-0.003643	0.7394	-0.00419	6	-2.46E-06	0.9999	-0.05391
-23	0.009731	0.3287	0.005538	7	-0.005325	0.635	-0.05923
-22	-0.015557	0.1586	-0.01002	8	-0.015591	0.0485	-0.07482
-21	-0.008335	0.2395	-0.01835	9	0.0061855	0.4886	-0.06864
-20	-0.00968	0.2155	-0.02803	10	-0.003322	0.7086	-0.07196
-19	-0.002465	0.8423	-0.0305	11	-0.008056	0.2038	-0.08002
-18	0.0073434	0.3707	-0.02316	12	-0.011097	0.2083	-0.09111
-17	0.0094214	0.0336	-0.01373	13	-0.003036	0.8349	-0.09415
-16	-0.009473	0.207	-0.02321	14	0.0092143	0.6017	-0.08493
-15	-0.01413	0.1304	-0.03734	15	-0.012226	0.4007	-0.09716
-14	-0.009246	0.1184	-0.04658	16	0.0067655	0.5141	-0.09039
-13	-0.00013	0.9856	-0.04671	17	0.0247403	0.0414	-0.06565
-12	-0.008688	0.1685	-0.0554	18	-0.010024	0.21	-0.07568
-11	0.0068713	0.3332	-0.04853	19	-0.008268	0.2906	-0.08395
-10	0.0074374	0.4626	-0.04109	20	-0.009506	0.0548	-0.09345
-9	0.0048895	0.4483	-0.0362	21	0.012214	0.3924	-0.08124

T	AAR	t	CAR	T	AAR	t	CAR
-8	0.0079078	0.4514	-0.02829	22	-0.004588	0.6363	-0.08583
-7	-0.002903	0.8219	-0.0312	23	-0.002704	0.7744	-0.08853
-6	0.0169335	0.0583	-0.01426	24	-0.006945	0.3124	-0.09547
-5	-0.007474	0.5843	-0.02174	25	-0.003956	0.6857	-0.09943
-4	0.0013785	0.8352	-0.02036	26	-0.008602	0.3235	-0.10803
-3	-0.005434	0.3869	-0.02579	27	0.0071377	0.2668	-0.10089
-2	0.0044955	0.5385	-0.0213	28	-0.005054	0.3769	-0.10595
-1	0.0002308	0.9877	-0.02107	29	-0.008224	0.4213	-0.11417
				30	0.0060545	0.4079	-0.10812

***1%에서 유의, **5%에서 유의, *10%에서 유의.

<그림 11> 공시유형(구축 중·구축완료)에 따른
ERP 도입 공시 전후 CAR

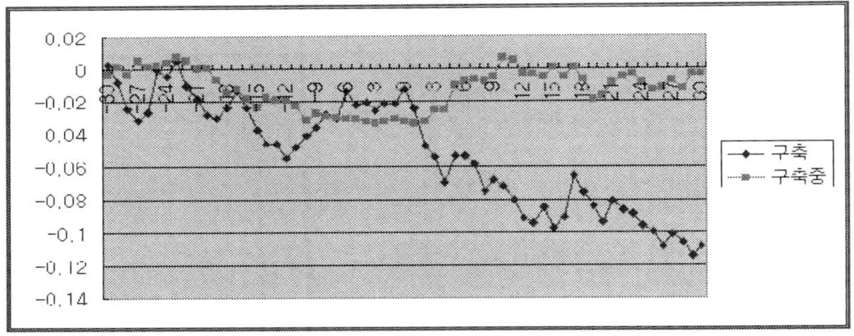

<그림 11>은 공시유형(구축 중·구축완료)에 따른 ERP 도입 기업의 ERP 도입 공시일 전후(t = −30, +30) 기간 누적평균초과수익률(CAR)을 그래프화 한 것이다. 공시유형 가운데 ERP를 '구축완료' 하였을 때, 누적평균초과수익률(CAR)이 일시적으로 반응을 나타냈다. 이것은 구축완료로 인하여 기업이 경영활동 수행 시 추가비용이 발생하지 않을 것이라는 기대감과 ERP 도입으로

인하여 synergy effect가 발생할 것이라는 기대감을 반영한 것이라고 하겠다. 하지만 통계적으로 유의한 값은 아니었다.

반면, '구축 중' 기업의 누적평균초과수익률은 별 다른 반응을 나타내지 않았다. 이와 같은 현상은 ERP 도입으로 인하여 발생할 투자비용과 ERP 구축으로 인한 기업가치 극대화가 현실적으로 발생할 것인가에 대한 불안감이 반영된 것으로 사료된다.

<표 31>은 ERP 도입시점의 공시유형(구축 중·구축완료)에 따른 표본 집단 간 평균차를 살펴보기 위하여 T-test를 실시한 결과 통계적으로 유의적인 수준은 아니었다. 따라서 [가설 6]은 귀무가설을 채택하므로 ERP 도입시점의 공시유형은 주식시장에서 별 다른 영향을 미치지 않는다고 설명할 수 있다.

<표 31> 공시시점 공시유형별 초과수익률 차이 검증(T-test)

Independent Variable	N	Mean	Std Dev	Probability t
구축완료	13	-0.00345700	0.06299480	0.9699
구축 중	39	-0.00268579	0.06291322	

제3절 회귀분석의 결과

ERP 공시에 따른 정보효과를 분석하는 데 있어 다른 독립변수들을 통제하기 위하여 다중회귀분석을 실시하였다. 회귀분석식에서 종속변수로 CAR(0 ~ +1)를 사용하였다. 이는 ERP 도입의 공시가 공시일 이후부터 주가에 반영된다는 것을 관찰하였기 때문이며, ERP 도입 공시와 market reaction에 관한 선행연구결과를 참조하였다(Hayes et al. 2001).

<표 32>는 ERP 도입의 공시효과에 대해 시행된 다중회귀분석의 실증결과이다. 회귀분석은 전체 표본인 52건에 대해 (0, +1)일의 누적평균초과수익률(CAR)을 종속변수로 하고 기업규모(LNASSET), 재무 건전도(HTH), 공급업체의 유형(VEND), ERP 도입시점의 공시유형(COMP)을 독립변수로 하여 실시되었다. <표 32>에서 볼 수 있는 바와 R-square는 16.12% 이며, F값은 0.07로 유의수준 10%에서 통계적으로 유의하게 나타났다.

개별 독립변수의 회귀계수를 보면 기업규모를 나타내는 LNASSET은 유의수준 5%에서 통계적으로 유의(0.0170)한 반면, 기업의 재무 건전도를 나타내는 더미변수(HTH), 공급업체의 유형을 나타내는 더미변수(VEND), 그리고 공시시점의 공시유형을 나타내는 더미변수(COMP)는 통계적으로 유의하지 않게 나타났다. 따라서 ERP 도입의 공시효과와 관련, 우리나라의 투자자들은 기업규모에 따라 ERP 도입 공시에 호의적인 반응을 나타낼 뿐, 여타의 독립변수에는 별 반응을 보이지 않음을 설명할 수 있다.

<표 32> ERP 도입 공시효과에 대한 회귀분석의 결과

$$CAR_i = \beta_0 + \beta_1 LNASSET + \beta_2 HTH + \beta_3 VEND + \beta_4 COMP$$

독립변수	Beta 0	LNASSET	HTH	VEND	COMP	R 2	F값(P)
종속변수 CAR:(0~+1)	-0.342858 (0.0192)	0.013075 (0.0170)	0.004090 (0.8079)	-0.017428 (0.3127)	0.009882 (0.6151)	0.1612	0.07

주: ( )안의 숫자는 관련계수의 t값임

독립변수를 정의하면 다음과 같음.

- CAR : 2일간(0, +1)의 누적초과수익률
- LNASSET : 총자산(Asset)에 자연로그를 취한 값
- HTH : 재무 건전도(Healthy · Unhealthy)
  - 표본이 상위그룹(Healthy) 기업인 경우 1의 값을 갖는 더미변수,
  - 표본이 하위그룹(Unhealthy) 기업의 경우 0의 값을 갖는 더미변수
- VEND : 공급업체의 유형(대형공급업체 · 소형공급업체)
  - 대형공급업체로 선정한 기업일 경우 1의 값을 갖는 더미변수
  - 소형공급업체를 선정한 기업의 경우 0의 값을 갖는 더미변수
- COMP : ERP 도입의 공시유형(구축 중 · 구축완료)
  - ERP 도입의 유형이 [구축완료] 기업일 경우 1의 값을 갖는 더미변수
  - ERP 도입의 유형이 [구축 중] 기업의 경우 0의 값을 가지는 더미변수

ERP 도입의 공시효과를 살펴보기 위하여 특성변수들을 이용하여 우리나라의 주식시장에서 ERP 도입이 정보효과가 있는지를 살펴보기 위하여 총자산(ASSETS)을 더미변수로 하여 단순회귀분석을 실시한 결과, 5% 유의수준에서 통계적으로 유의한 값(0.0284)이 나타났다. 따라서 기업규모는 ERP 도입의 정보효과에 영향을 미치는 변수임을 검증하였다. 반면, LNASSET와 총자산의 값을 더미변수로 하고 다중회귀분석을 실시한 결과 아무런 반응을 나타내지 않았다.

또한 기업의 부채비율 및 부채규모에 따라 ERP 도입의 공시가 주가에 어떤 영향을 미치는가를 분석하였다. 기업의 부채규

모를 나타내는 변수는 ERP 도입을 공시한 직전 년도 말 총부채를 로그값으로 환산하여 측정하였다. 부채비율이 높은 표본기업과 낮은 표본기업의 분산분석을 실시한 결과, 부채비율이 높은 기업의 경우 F값은 0.098, P-value은 0.7560, R-square 값은 0.0019로 나타났으며, 부채비율이 낮은 기업의 경우, F값은 0.040, P-value은 0.8426, R-square 값은 0.0008로 나타났다. 두 표본집단을 대상으로 단순회귀분석을 실시한 결과, 부채비율이 높은 표본에서는 t값이 0.7560, 부채비율이 낮은 표본기업에서는 t값이 0.8426으로 통계적으로 유의하지 않았다.

기업의 부채규모를 3그룹(75% 이상인 표본기업, 75 ~ 25% 사이 표본기업, 25% 이하 표본기업)으로 분류하여 부채규모에 의한 회귀분석을 실시하였다. 부채비율이 상위그룹 75% 이상인 표본기업(13)의 경우 분산분석결과 F값이 0.001, P값 0.9716, R-square값이 0.0001로 나타났으며, 단순회귀분석결과 t값이 0.9716으로 나타났다. 부채비율이 75% ~ 25% 사이인 표본기업(25)의 경우 F값 0.190, P값 0.6665, R-square 0.0079로 나타났으며, 단순회귀분석결과 t값이 0.6625로 나타났다. 부채비율이 25% 이상인 표본기업을 대상으로 분산분석을 실시한 결과 F값 0.297, P값 0.5968, R-square값이 0.0263으로 나타났으며 단순회귀분석 결과 t값이 0.9716으로 나타났다.

ERP 도입 기업의 부채비율이 주가에 어떤 영향을 미치는가를 살펴보기 위하여 다중회귀분석한 결과, 개별변수(LNASSET)에 있어서 유의적인 값(0.0102)을 나타내고 있으나 전반적으로 사건 기간별 모형의 적합성을 나타내는 F(P)값(0.1795)이 낮기 때문에 통계적으로 강력한 주장을 할 수 없는 현상을 나타냈다. 또한 재무 건전도를 나타내는 더미변수(0.8779), 공급업체의 유형을 나타내는 더미변수(0.5995), 그리고 공시시점의 공시유형을 나타내는 더미변수(0.6206), 부채비율을 나타내는 더미변수(0.8831) 역시 통계적으로 유의하지 않게 나타났다. 이와 같은 연구결과로 ERP 도입 기업의 부채비율은 ERP 도입의 공시효과를 설명하는 변수로 작용하지 않음을 보여주었다.

이와 같은 분석 이외에 ERP 도입의 공시와 관련, 어느 정도 기간의 초과수익률을 측정할 것인가의 문제, 즉 사건 기간(Event window)에 따른 ERP 도입 공시효과에 대한 회귀분석을 실시하였다. 이는 Brown 등(1985)이 지적한 것처럼 긴 사건 기간을 사용하면, 사건의 검정력을 떨어뜨려 잘못된 결론을 유도할 수도 있으며, 반대로 짧은 사건 기간을 사용하면 교란요인을 통제할 수 있어 대체로 사건의 중요성을 인식하는 데 유용할 수 있기 때문에 ERP 도입 공시일 관련, 적절한 기간 이전부터 초과수익률을 측정해야 하기 때문이었다.

본 연구에서는 사건 기간에 따른 ERP 도입의 공시에 따른 주식의 초과수익률을 살펴보기 위하여 사건 기간을 회사가 대외용 보도자료를 일간지에 공개하는 시점을 기준으로 사건을 명확히 포착할 수 있는 전일(-1일)부터 시장의 반응이 완전히 즉각적이지 않기 때문에 시장에 가능한 반영될 수 있는 기간을 설정하여 다중회귀분석을 실시하였다. 사건 기간(Event window)에 따른 ERP 도입 공시효과에 대한 다중회귀 분석결과는 <표 33>과 같다.

<표 33> 사건 기간에 따른 **ERP** 도입 공시효과에
대한 회귀분석의 결과

독립변수	Beta 0	LNASSET	HTH	VEND	COMP	R2	F값(P)
CAR (-1, 0)	0.9923 (-0.0019)	0.9583 (0.0004)	0.7696 (0.0648)	0.2978 (-0.0194)	0.7660 (-0.0063)	-0.0673	0.357 (0.8751)
CAR (-1, +1)	0.5751 (-0.1446)	0.6173 (0.0052)	0.5869 (0.0151)	0.2063 (-0.0297)	0.7539 (0.0083)	-0.0131	0.868 (0.5900)
CAR (-1, +3)	0.1462 (-0.3816)	0.1887 (0.0139)	0.5607 (-0.0028)	0.2091 (-0.0298)	0.0498 (0.0539)	0.0744	1.820 (0.1277)
CAR (-3, +0)	0.8207 (0.0524)	0.8314 (-0.0019)	0.7953 (-0.0064)	0.4559 (-0.0156)	0.9301 (-0.0021)	-0.0458	0.554 (0.7347)
CAR (-3, +3)	0.2556 (-0.3272)	0.3221 (0.0115)	0.3446 (-0.0292)	0.3183 (-0.0260)	0.0545 (0.0581)	0.0855	1.954 (0.1036)

사건 기간(Event window)에 따른 ERP 도입의 공시효과에 대한
다중회귀분석 결과, 사건 기간에 따라 개별변수에 있어서 유의
적인 값을 나타내고 있으나, 전반적으로 사건 기간별 모형의 적
합성을 나타내는 F값이 낮기 때문에 통계적으로 강력한 주장을
할 수 없는 현상을 나타냈다.

제6장 연구결과의 토론 및 결론

제1절 연구결과의 요약

본 연구에서는 ERP 도입의 공시가 주식수익률에 미치는 영향과 이와 같은 영향을 설명할 수 있는 대체적인 가설을 검증하기 위하여 1996년 1월 1일부터 2003년 8월 31일까지 기간 가운데 최종 52건의 기업을 선정하여 실증분석 하였다. 분석결과를 요약하면 다음과 같다.

첫째, 기업규모를 Small 기업과 Large 기업으로 분류한 후, 표본집단 간 평균차를 검정하기 위하여 T-test를 실시한 결과, 5% 유의수준에서 통계적으로 유의한 값이 나타났다. 따라서 ERP 도입의 공시는 기업규모에 따라 정보효과가 발생한다고 설명할 수 있다.

둘째, 기업의 재무 건전도에 따른 ERP 도입의 정보효과를 살펴보기 위하여 표본기업을 재무건전(Healthy) 기업과 재무불건전(Unhealthy) 기업으로 분류한 후, T-test를 실시한 결과, 통계적으로 유의성이 없었다. 따라서 ERP 도입의 공시는 재무 건전도에 따라 정보효과가 발생한다고 설명하기에는 무리가 있다.

셋째, 공급업체(vendor)의 유형에 따라 ERP 도입의 정보효과를 살펴보기 위하여 표본기업을 대형공급업체와 소형공급업체로 구분하여, T-test를 실시한 결과, 통계적으로 유의성이 없었다.

넷째, ERP 도입시점의 공시유형(구축 중 · 구축완료)에 따른 정보 효과를 살펴보기 위하여 T-test를 실시한 결과, 통계적으로 유의적인 수준은 아니었다. 따라서 ERP 도입시점의 공시유형 역시 주가에 영향을 미치지 않는다고 설명할 수 있다.

다섯째, ERP 도입의 정보효과인 초과수익률의 요인을 살피기 위해 다중회귀분석을 실시한 결과, 기업규모(LNASSET) 변수에서 통계적으로 유의적인 결과가 나타났다. 이러한 현상으로 ERP 도입의 공시가 주식수익률에 미치는 요인은 기업의 규모로 설명할 수 있다. 마지막으로 ERP 도입의 공시효과를 살펴보기 위하여 특성변수들을 이용하여 우리나라의 주식시장에서 ERP 도입이 정보효과가 있는지를 살펴본 결과, 부채비율 및 부채규모는 ERP 도입의 공시효과를 설명하는 변수로 작용하지 않음을 보여주었다. 또한 ERP 도입의 공시와 관련, 어느 정도 기간의 초과수익률을 측정할 것인가 문제, 즉 사건 기간(Event window)에 따른 ERP 도입의 공시효과에 대한 다중회귀분석 결과, 본 연구의 사건 기간(0, +1)을 제외하고, 사건 기간에 따라 개별변수에 있어서 유의적인 값을 나타내고 있으나, 전반적으로 사건 기간별 모형의 적합성을 나타내는 F값이 낮기 때문에 통계적으로 강력한 주장을 할 수 없는 현상을 나타냈다.

제2절 연구결과의 시사점

1. 이론적 의미

본 연구의 가장 큰 의의는 ERP 관련 기존연구들이 사례연구가 주류를 이루고 있었으나, 사건연구 방법을 도입하여 크게 시도해 보지 않았던 ERP 도입의 공시가 주식수익률에 미치는 영향에 관하여 실증적 연구를 시도했다는 데에서 찾을 수 있다. 본 연구의 이론적 의미는 다음과 같다.

첫째, ERP 도입의 공시에 따른 기업가치를 기존연구에서 다루어진 ERP 도입 성과, 만족도 등 지표를 사용한 것이 아니라 ERP 도입에 따른 주식시장에서 주가의 움직임을 관찰함으로써 ERP 도입의 공시가 주식수익률에 미치는 영향을 실증적으로 검증하였다.

둘째, 본 연구는 ERP 도입의 공시가 주식수익률에 미치는 영향에 관한 기존의 연구에서 다루지 않았던 기업규모, 재무 건전도, 공급업체(Vendor) 유형, ERP 공시시점의 공시유형 등 Contextual Factors를 적용하여 ERP 도입의 공시가 주식수익률에 미치는 영향을 측정하였다는 점이다.

2. 실무적 의미

본 연구에서 나타난 결과들을 토대로 하여 현재 ERP를 도입하고 있거나 앞으로 도입할 계획을 가지고 있는 기업의 경영자나 담당자에게 몇 가지 시사점을 제시하고자 한다.

첫째, ERP 도입에 따른 주가에 미치는 영향을 정확하게 진단하여야 한다는 점이다. 최근 경쟁력 증진을 위한 정보기술(IT) 가운데 이미 많은 기업에서 ERP를 도입하여 운영하고 있으나, ERP 도입이 기존 정보시스템을 통합하는 차원을 넘어 비즈니스 프로세스와 ERP 패키지를 일체적으로 통합하는 프로젝트로 투자비용이 상당히 크고 조직의 변혁을 초래하기 때문에 상당한 위험이 따른다. 또한 ERP 도입은 과도한 비용으로 기업의 재무구조를 악화시켜 도입의 효과를 상실할 수도 있다.

이러한 점에서 본 연구에서 제시하고 있는 Contextual Factors를 고려한 변수들을 이용하여 기존의 성과위주 평가척도에서 벗어나 모든 영역과 측면을 실증적으로 평가함으로써 ERP 도입에 따른 객관적인 평가가 필요하다는 것이다.

둘째, 지금까지 기업가치를 측정함에 있어서 사용되어온 회계 수치에 의존한 전통적인 평가방법에서 벗어나 실증적 측면에서 기업의 가치 측정 방안을 모색하였다는 점이다.

정보화 효과는 상당 부분이 무형적(intangible)이라는 것과 더불어 정보기술을 도입하는 조직마다 각기 다른 목적을 가지고 있다는 점에서 정량적인 분석을 수행하는 데 어려움이 있다. 따라서 실무자 관점에서 ERP 도입에 따른 주가에 미치는 영향을 통하여 기업의 가치분석을 시도하였다는 데에 실무적 의미가 있다.

제3절 연구의 한계 및 향후 연구방향

1. 연구의 한계

본 연구에서 나타난 결과와 이를 바탕으로 추론할 수 있는 이론적·실천적 의미들은 본 연구가 가지고 있는 한계점과 제약사항으로 인해 신중하게 해석되어야 할 것이며, 향후의 연구에서는 이러한 문제점을 해결하고 한계를 극복하는 데 보다 세심한 노력이 이루어져야 할 것이다.

첫째, 이 책은 연구 내용상의 한계를 가지고 있다. ERP 도입의 공시가 주식수익률에 미치는 영향에 관한 선행연구의 부족으로

ERP 도입의 공시가 주식수익률에 미치는 영향에 관련된 변수의 연구가 이루어지지 않아 가설의 심층적인 개발과 검증보다는 결과의 발견과 해석에 치중하였다. 앞으로 체계적인 이론 개발이 보완되어야 할 것이다.

둘째, 본 연구는 표본상의 제약사항을 가지고 있다. 국내에 ERP를 도입한 기업이 상당수 있으나, ERP 도입을 공시한 표본이 상대적으로 적어서 심층적인 분석을 하기에는 어려움이 있었다. 또한 표본이 ERP 프로젝트 수주·도입계약체결·구축 중·구축 완료 등으로 인하여 ERP 도입의 공시에 따른 주식수익률을 측정한 결과에 대한 일반화를 하기에는 무리가 있을 수 있었다.

셋째, 표본의 수가 상대적으로 작았다는 점이다. 이러한 표본 수의 부족으로 인하여 산업별, 도입시기별, 도입방식 등을 통제하지 못해 ERP 도입의 공시가 주식수익률에 미치는 영향을 좀 더 명확하게 규명하지 못한 점이다.

넷째, ERP를 도입한 기업이 재무건전도가 어느 정도 향상 되었는가를 측정하지 못하였다는 점이다. 또한 ERP 도입으로 인하여 시장에서 인식되어지는 ERP 효익(Benefits)은 무엇인지, ERP 도입으로 인한 효익은 정량화(Quantified)가 가능한지, 회계정보시스템(Accounting Information System : AIS)하에서 ERP 도입으로 인한 효익이 어느 정도 파악이 가능한지 등 포괄적인 연구가 진행되지 못한 점이다. 향후 이와 같은 부분에 대한 연구와 개선이 요구된다.

2. 향후의 연구방향

향후 연구방향으로는 위에서 제시한 연구의 한계를 극복하는 것은 물론, 다음과 같은 내용의 연구과제들이 향후의 연구에서 고려되어야 할 것이다.

첫째, ERP 도입이 주가에 미치는 영향에 관한 연구이다. ERP 도입의 공시가 주식수익률에 미치는 영향과 관련하여 다양한 차원의 요인들이 도출될 수 있을 것이며, ERP 도입의 공시에 따른 주가를 측정하는 요인의 종류와 주가변화를 측정할 수 있는 측정방법이 해결되어야 할 것이다.

둘째, ERP 도입의 공시가 주식수익률에 미치는 영향에 관하여 보다 폭 넓은 연구가 필요하다. 이와 관련하여 주가에 영향을 줄 수 있는 다른 특성 변수의 개발 등과 본 연구에서 사용된 변수들에 대한 보다 심도 있는 연구가 필요하다.

셋째, 본 연구의 표본에는 특정 기업과 특정 공급업체(Vendor)에 기업이 많이 포함되어 연구결과의 해석에 무리가 따를 수 있었으므로 향후의 연구에서는 산업별 분석, 기업집단별 분석 등으로 구분하여 본 연구에서 사용한 방법 이외에 다양한 모형과 통계적 분석방법으로 ERP 도입의 공시가 주식수익률에 미치는 영향에 관하여 검증할 필요가 있다고 사료된다.

참고문헌

김경규, 박석원, "정보시스템 사용자 만족에 관한 실증연구", 경영학연구, 제26권, 제1호, 1997, p. 97.

김동일, "ERP 분산 통합지원 기능이 업무성과에 미치는 영향에 관한 연구", 명지대학교 경제논총, 제20집, 2001, pp. 149 - 162.

김영문, "경영혁신의 도구로서 ERP 시스템에 관한 연구", 한국정보시스템학회 추계학술대회논문집, 1997, p. 45.

김재진, "ERP 구현특성에 따른 변화관리특성과 ERP 도입성과 간 관계", 국민대학교 박사학위논문, 1999.

김창수, "정보기술 지출과 기업가치에 대한 실증적 연구", 회계학연구 제22권 제2호, 1997, pp. 29 - 55.

나 영, 장지인, 박문기, "ERP 구축에 따른 기업의 성과측정", 대한경영학회발표논문집, 2000, pp. 235 - 272.

남천연, "ERP 환경에서의 회계정보시스템의 조망", 회계정보시스템연구, 1999, pp. 83 - 107.

박영웅, "ERP 시스템 도입효과", 한국정보시스템학회 '97추계학술대회 논문집, 1997, pp. 251 - 265.

박정식, 현대재무관리, 다산출판사, 1997.

방종욱, "ERP 도입의 공시가 시장가치에 미치는 영향", 연세대학교, 2000.

신 철, "알기 쉬운 ERP plus", 미래와 경영, 2002.

손성호, 공두진, "ERP 시스템의 성공요인과 재무적 성과의 이론적 연구”, 한국전산회계학회 하계정기학술발표논문집, 2002, pp. 27 - 66.

서강관리회계연구회, “디지털시대의 경영관리기법”, 박영사, 2001.

임춘성, “소프트웨어 산업혁명 ERP 현황과 발전방향”, <u>소프트웨어산업</u>, 통권 29, 1997, pp. 49 - 53.

윤재봉, 김명식, 권태경 옮김/SAP코리아㈜감수, “ERP 혁신의 새로운 패러다임”, 대청, 1998.

이종호, “정보기술이 경영의사결정에 미치는 영향에 관한 실증적인 연구”, 동국대학교 박사학위논문, 1994.

이호근, 조동환, 전지현, “e-business가 기업의 시장가치에 미치는 영향에 대한 분석”, <u>경영정보학연구</u> 제11권 제3호, 2001, pp.186 - 204.

정진황, “제조부문의 성과평가시스템과 정보시스템의 연계에 대한 탐색적 연구”, 한국과학기술원, 1998.

조남재, 유용택, “ERP Package 도입 특성에 관한 연구”, <u>한국경영정보학회, 추계학술대회논문집</u>, 1998, pp. 353 - 364.

조지호, 김용현, “고정자산 매각공시가 주가에 미치는 영향”, <u>증권학회지</u> 제19집, 1996, 한국증권학회, pp.85-109.

차준섭, “제조업체 ERP 도입에 따른 고찰”, <u>호남대학교 정보통신연구원</u>, 9권, 1999, pp. 227 - 245.

최무진, “국내 ERP 연구에 대한 고찰과 과제”, 한국경영정보학회, <u>춘계학술대회논문집</u>, 1999, pp. 285 - 292.

전자신문, 2002년 10월 29일.

전자신문, 2003년 6월 19일.

Alter, S., "Implementation risk analysis", TIMS *Studies in management Science*, Vol.13, No.2, 1979, pp. 103 - 119.

Atiase, R. K. 1985. "Predisclosure Information, firm, capitalization and security price Behavior around earning announcements", *Journal of Accounting Research* 22(1) : 21- 36.

Bailey, J. 1999. "Trash haulers are taking fancy software to the dump- Allied waste, following Waste Management to shed SAP's costly R/3", *Wall Street Journal*(June 9) : B4.

Bailey, J. E. and S. W. Pearson, "Development of a Tool for measuring and Analyzing Computer User Satisfaction", *Management Science*, Vol.29, No. 5, 1983, pp. 530 - 545.

Balvers, R. J., B. McDonald, and R. E. Miler. 1988."Underpricing of new issues and the choice of auditor as a signal of investment banker reputation", *The Accounting review* 63(October) : 05 - 622.

Brown, S. J. and Warner, J. B. "Measuring security price Performance", *Journal of financial Economics,* Vol.8, 1980, pp. 205 - 258.

Cooke, D. P., and W. J. Peterson. 1998. SAP *Implementation: strategic and Results*. New York, NY: The Conference Board, Inc.

Daft, R. L., "A dual-Core Model of organizational Innovation", *Academy of management Journal*, Vol.21, No.2, 1978, pp. 193 - 210.

Davenport, T. H. "In search of ERP Paybacks", Computer world 34(8) : 42.

Davis, G., "Strategies for information requirement determination", IBM Systems Journal, Vol. 21. No.1, 1982, pp. 4 - 30.

DeLone, W. H. and McLean E. R. "Information systems success : The

124

Quest for the dependent variable", *Information systems research.* Vol.3, No.1, 1992, pp. 60 - 95.

DeLone, W. H. "Firm Size and the Characteristics of Computer Use", *MIS Quarterly*, 1981.

Dos Santos, B. L., K. Peffers, and D. C. Mauer. 1993. "The Impact of information technology investment announcements on the market value of the firm", *Information Systems research* 4(March) : 1 - 23.

Ein-Dor P. and Segev E., "Organizational Context and MIS Structure: Some Empirical Evidence", *MIS Quarterly*, Vol.6. No.3, 1982, pp. 55 - 68.

Elliott, R. K., 1992. "The Third Wave Breaks on the Shores of Accounting", *Accounting Horizons*(June) : 61- 85.

Feroz, E. H., and E. R. Wilson. 1992. "Market segmentation and the association between municipal financial disclosure and net interest costs", *The Accounting Review* 67(3) : 480 - 495.

Franz, Charles and Daniel Robey, "Organizational Context, User Involvement and the usefulness of Information Systems", : *Decision Sciences*, 17, 1986, pp. 329 - 356.

Ghalayini, Alaa M. and J. S. Noble, "The Changing basis of Performance measurement", *International Journal of Operations and Production Management*, Vol.16, No. 8, 1996, pp. 63 - 80.

Girard, K., and M. A. Farmer. 1999. "Business software firms used over implementation", *CNET News. Com*(November 3).

Grant, E. B. 1980. "Market Implications of differential amounts of interim information", *Journal of Accounting Research* 18(Spring) : 255 - 268.

Gremillion, L. L. "Organization Size and Information Systems, Use", *Journal of MIS*, 1984, pp. 4 - 17.

Grove, H. D., F. H. Selto, and Hanbery, 1990. "The effect of Information System Intangibles on the Market Value of the Firm", *Journal of Information Systems*(Fall) : 36 - 47.

Hammer, M. and J. Champy, 1993. "Reengineering the Corporation", New York, NY: *Harper Business.*

Hannan, T. H., and J. M. McDowell, 1990. "The Impact of Technology Adoption on Market Structure", *The Review of Economics and statistics*(February) : 164 - 168.

Hayes, D. C., J. E. Hunton and J. L. Reck. 2001. "Market reaction to ERP Implementation Announcements", *Journal of Information Systems* 15(spring) : 3 - 18.

Hitt, L. and E. Brynjolfsson, 1994. "The faces of IT value: Theory and evidence", *proceedings of the international Conference on Information Systems*(December): 263-277.

Hitt, L. M. and E. Brynjolfsson, E., "Productivity, business profitability, and consumer surplus: three different measures of information technology Value", *MIS Quarterly*, Vol.20, No.2, 1996, pp. 121 - 142.

James, E. H. and Barbara L, Reck JL. "Enterprise resource planning systems: comparing firm performance of adopters and non-adopters", international Journal of *Accounting Information*

Systems volume 4, 2003, pp. 165 - 184.

Kaplan, R. S. and David P. Norton. "The balanced Scorecard measures that Drive Performance", *Harvard Business Review*, January-February, 1992, pp. 71 - 79.

King, N., "Innovation at work: "The research Literature", *Innovation and Creativity at Work*: Psychological and Organizational Strategies, New York, John Wiley & Sons, 1990, pp. 15 - 59.

Kumar, K., and J. Van Hillegersberg. 2000. "ERP experiences and evolution. Association for computing Machinery, *Communications of the ACM* 43(4) : 22 - 26.

Kwon, T. H., "A Diffusion of Innovation approach to MIS Infusion: Conceptualization, Methodology, and Management Strategies", Icis, pp.139 - 147.

Li, E. Y., "Perceived Importance of Information Systems Success Factors: A Meta Analysis of group Differences", *Information & management*, Vol.32, 1997, pp. 15 - 28.

Lorin, J. M., "Major causes of software project failure", The Journal of Defense Software Engineering, 1996.

Maish, A. M., "A Users Behavior Toward His MIS", *MIS Quarterly*, 3, 1979, pp. 39 - 52.

Mason, R.O., "Measuring Information output: A Communication System Approach", *information and Management*, 1978, pp. 63 - 84.

Miller, J. and B. A. Doyle, "Measuring Effectiveness of Computer Based Information Systems in the financial Services Sector", *MIS Quarterly*, 11, 1987, pp. 107 - 124.

Miller, G. S., and D. J. Skinner. 1998. "The effect of taxes on U. S. multinationals' source of foreign debt decisions", Working paper, The University of Arizona.

Morrison, C. J., and E. R. Berndt, 1991, "Assessing the Productivity of Information Technology Equipment in U. S. Manufacturing Industries", Working Paper No.3582, National Bureau of Economics Research, Cambrige, MA.

Newmann, S. & Segev, E., "Evaluate Your Information System", *Journal of Systems Management*, March 1980, pp. 9 - 13.

Premkumar, G. and W. R. King, "The Evaluation of Strategic Information System Planning", *Information & management*, 1994, pp. 327 - 340.

Raymond, L., "Organizatonal Characteristics and MIS Success in the Context of Small Business", MIS Quarterly, 1985, pp. 37 - 52.

Richardson, P. R. and J.R. M. Gorden, "Measuring Total Manufacturing performance", *Sloan Management review*, Winter, 1980, pp.47-58.

Srinivasan, A., "Alternative Measure of System Effectiveness: Association and Implication", *MIS Quarterly*, Vol.9, No.3, 1985, pp. 243 - 253.

Stedman, C. 1999. Survey : ERP costs more than measureable ROI. *Computer world* : 6.

Stambaugh, C. T., and F. W. Carpenter, 1992. "The Roles of Accounting and Accountants in Executive Information Systems", *Accounting Horizons*(September) : 52 - 63.

Swanson, E. B, "Information Systems Innovation Among Organizations", *Management Science*, Vol.40, No. 9, September 1994, pp. 1069 - 1092.

Wah, L. 2000. Give ERP a chance. *Management Review*(Mar) : 20 - 24.

Weill, P. "The Relationship between Investment in information Technology and firm Performance: A Study of the Valve Manufacturing Sector", *Information Systems Research*, Vol.3, No.4. 1992, pp. 307 - 333.

Willam, H. DeLone and Ephraim R. McLean, Information Systems Success: The Quest for the Dependent variable, *Information System Research*, 1992, pp. 60 - 95.

Zmud, R. W., "Individual Differences and MIS Success: A Review of the Empirical Literature", *Management Science*, Vol.25, No. 10, 1979, pp. 966 - 979.

저　자

이재범(李在範)

　　국민대학교 경상대학 회계학과 졸업
　　국민대학교 대학원 경영학 석사
　　국민대학교 대학원 경영학 박사
　　한국능률협회(Korea Management Association)전문위원
　　아산시장애인복지관 꿈(Dream)창업 자문교수
　　소상공인지원센터 창업 컨설턴트(외부 전문가)
　　나사렛대학교 인간재활학과 교수

주요 논저

　　『e - Biz 시대의 포커스 경영』
　　『중소기업의 성공조건』
　　『병원경영분석』
　　『회계, 그게 그렇군요』
　　『최고경영자(CEO), 이솝은 타조 사냥꾼이었다.』
　　『ERP 도입 공시와 시장가치 변화에 관한 연구』
　　외 다수

ERP 도입과
기업가치 분석

· 초판 인쇄	2005년 12월 20일
· 초판 발행	2005년 12월 20일
· 지 은 이	이재범
· 펴 낸 이	채종준
· 펴 낸 곳	한국학술정보㈜
	경기도 파주시 교하읍 문발리
	파주출판문화정보산업단지 526-2
	전화 031)908-3181(대표)·팩스 031)908-3189
	홈페이지 http://www.kstudy.com
	e-mail(e-Book 사업부) ebook@kstudy.com
· 등　　록	제일산-115 호(2000. 6. 19)
· 가　　격	8,000 원

ISBN　　89-534-4283-4 93320　　(paper book)
　　　　　89-534-4284-2 98320　　(e-book)